BOROS · DENKEN IN DER BEGEGNUNG

WW

LADISLAUS BOROS

DENKEN IN DER BEGEGNUNG

WALTER-VERLAG
OLTEN UND FREIBURG IM BREISGAU

MIT KIRCHLICHER DRUCKERLAUBNIS

GESAMTHERSTELLUNG IN DEN WERKSTÄTTEN

DES WALTER-VERLAGS

PRINTED IN SWITZERLAND

ISBN 3-530-09506-0

INHALT

VORWORT

Die vorliegende Schrift entstand aus einem persönlichen Anlaß. Ursprünglich war sie als Rechenschaft vor mir und für mich allein gedacht. Während einer Zeitspanne, da ich die Möglichkeit erhielt, stille Monate der Ungestörtheit ganz allein zu verbringen, versuchte ich mir über die subjektiven Voraussetzungen meines Denkens Klarheit zu verschaffen.
Zuerst begann ich mich zu befragen, welche Erfahrungen und Erlebnisse mich am nachhaltigsten beeinflußt haben. Dabei entdeckte ich – und dies wäre die zweite Grundströmung meines denkerischen Ursprungs –, wie viele Gedanken ich von anderen Menschen bewußt oder unbewußt übernommen habe. Notwendigerweise kam es dann dazu, daß ich auch über meine «denkerischen Bekanntschaften» berichten mußte. So ergab sich die hier verwirklichte Struktur dieser Schrift: Ich überprüfe meine denkerische Einstellung und schildere dabei einen Denker, der mich dabei besonders geprägt hat. Solcherart entstand dieses Buch, in dem ich endlich jenen «schmalen Streifen Fruchtlands» zu finden gedenke, den ich – trotz der Gefährdung des denkerischen Suchens – menschlich bewohnen kann.
Es mag für viele Menschen belanglos sein, das «Sich-in-Verantwortung-Ziehen» eines anderen, fremden Menschen anzuhören. Dennoch glaube ich, es meinen Freun-

den – den Lesern meiner Schriften – schuldig zu sein, ihnen auch diese einsame Bemühung vorzulegen. Es geschieht keineswegs aus Anmaßung, wenn ich diese Seiten der Öffentlichkeit «preisgebe». Lange habe ich gezögert, dies zu tun, eben weil am Anfang und dann während der Dauer der ganzen Niederschrift alles nur für mich aufgezeichnet wurde. Deshalb habe ich mich auch entschlossen, auf Anmerkungen und Zitatenhinweise weitgehend zu verzichten. Was die Veröffentlichung anbelangt: Freunde haben mich des anderen, und – wie ich hoffe – eines Besseren belehrt. Jedenfalls habe ich mich ihrem Wunsch gefügt.

Eines möchte ich aber gleich am Anfang klarstellen: Dieses Buch ist leider fragmentarisch geblieben. Sicherlich wären noch andere Haltungen zu erwähnen, die mein eigenes Denken beeinflußten. Auch werde ich nicht über alle «denkerischen Begegnungen» berichten. Vor allem denke ich hier an zwei überaus wichtige «Begegnungen»: An die mit unserem Herrn Jesus Christus, die mein Leben entschied und die mich für immer prägte; und an die mit Ignatius von Loyola, dem ich sehr vieles von dem verdanke, was ich heute bin. Für meine Entwicklung so maßgebende Denker, wie Platon, Leibniz, Pascal, Kierkegaard, Newman, Theresia von Lisieux, Dostojewskij, um nur wenige zu nennen, werden nicht ausdrücklich «behandelt». Eines habe ich aber versucht: Ich wollte mich auf das Wesentliche konzentrieren in jener geistigen Redlichkeit, die ich immer wieder von mir selbst fordere. Selbst darin wird diese Schrift einige Leser nicht voll befriedigen. Geistige Redlichkeit ist zwar eine hohe Tugend des Geistes und ermöglicht erst eine saubere Auseinandersetzung mit der Wirklichkeit. Aber: Gelegentlich muß man auch den Mut zur Entscheidung aufbringen, selbst wenn diese belastet ist mit Unsicherheit, Dunkelheit und Gefahr. Sogar darin bleibt der endliche, geschichtlich bedingte Geist redlich, falls er in seinen Entscheidungen um diese Bedingtheiten weiß. Im Grunde geht es mir in diesem Buch um die Frage, ob mein Leben für die andern wahr ist. Dies bedeutet auch: Ob meine eigenen Erfahrungen andern, meinen Freunden, nützen und ob ich sie ihnen weitergeben kann. Es geht darum, was man etwa mit dem Ausdruck «das Glück des eindeutigen Lebens» bezeichnen könnte.

Masescha, Herbst 1972 — Ladislaus Boros

REDLICHKEIT

Sokrates

Ich möchte die Redlichkeit als Maßstab allen echten Denkens hinstellen. Im älteren, heute wieder zu Ehren kommenden Sprachgebrauch bedeutete Redlichkeit: So sprechen, handeln und sein, daß man darüber jederzeit und einem jeden gegenüber Rechenschaft ablegen kann. Wenn ich nun meine denkerische Entwicklung überprüfe, finde ich, wie schwierig es ist, eine solche Haltung zu verwirklichen.

Ich bin mir auch bewußt, daß in der sogenannten «Redlichkeit» eine große Gefahr liegt. Die Gefahr besteht wohl darin, daß man sich einredet, derjenige sei der geistig Redliche, der sich nicht engagiert, der jeglichem Irrtum auszuweichen sucht, indem er sich auf nichts endgültig einläßt, der die Schwäche der Unentschiedenheit zur Tapferkeit illusionsloser Skepsis umfälscht. Eine solche Haltung ist sicherlich nicht geistige Redlichkeit. Worin besteht aber diese im Grunde? Aus welchen Eigenschaften setzt sie sich zusammen?

Zweifellos besteht die Redlichkeit im Denkerischen immer auch in einer «*Vorurteilslosigkeit*». Redlich wäre demnach ein Denker, der grundsätzlich darauf verzichtet, die Wirklichkeit in vorgefaßte Schemata zu bringen. Damit hängt ein Weiteres zusammen, das ich fast immer in meiner Haltung zu verwirklichen suchte: Die Ruhe des Hinschauens. Ein redlicher Denker ist auch einer, der allen Wahrheiten gegenüber, woher sie auch kommen mögen, offen ist. Er ist zum Zuhören bereit. Dazu gehört aber, daß ein solcher Mensch nichts von vornherein ablehnt, nichts für grundsätzlich unmöglich hält und in seiner denkerischen Aufgabe sich nicht durch vorgefaßte Argumente beeinträchtigen läßt. Ich weiß nicht, ob diese Haltung von vielen Menschen, besonders in kirchlichen Kreisen, Zustimmung findet. Jedenfalls ist dies die Weise, wie ich selber denke. Somit gehört aber auch die Haltung des In-Frage-Stellens wesentlich mit zur Redlichkeit im denkerischen Bereich.

Die Einstellung eines solchen Denkens ist immer *forschend und prüfend*. Es scheint zu sagen: «Wenn du mich überzeugen willst, so paß nur gut auf. Ich werde all deine Argumente sorgsam überprüfen.» Diese Einstellung beinhaltet aber auch, daß ein redlicher Mensch bereitwillig zugeben kann, daß er sich geirrt hat. Deshalb versucht er, sich nicht mit Scheinargumenten zu verteidigen. Friedrich Nietzsche drückte diese Haltung einmal folgendermaßen aus: «Ich suche einen Echten, Rechten, Einfachen, Eindeutigen, einen Menschen aller Redlichkeit, ein Gefäß der Weisheit, einen Heiligen der Erkenntnis.» Deshalb denkt der redliche Mensch oft sehr langsam. Wenn er zu denken anfängt, versucht er alles zu vergessen, was er vorher gewußt hat. Sein denkerisches Ideal ist die größte innere Spontaneität, Ur-Sprunghaftigkeit.

Ferner ist der redliche Mensch sich auch dessen bewußt, daß er im Grunde nur *sehr wenig weiß* und aus diesem Wenigen für sich und für die anderen nur einen kleinen Rest ausgewahrheitet [verifiziert] hat. Deshalb gibt er sich selbst und den andern Zeit für Reifung und Prüfung, dem, was die Italiener mit dem schönen Ausdruck

«tempo galant'uomo» bezeichnen. Er möchte nur Kristallklares für sich und für die andern aus seiner Seele emporheben, wobei «kristallklar» oft «durchlitten» bedeuten mag. So stellt er sich jenem, was Paul Valéry «midi le juste» genannt hat, dem Heiter-Schattenlosen. Diese Haltung erinnert mich irgendwie an den Blaugrund des Mittelmeeres: Durchsichtige Luft, Klarheit, und durch all das, ja in alldem, das Leuchten der Gottheit.
Kardinal Newman verstand es, die gleiche Haltung in Bildern und Beispielen zu schildern, die seinem nordischen Charakter mehr entsprachen. Er nannte sie das «*Wissen des Gentleman*». Die Kirche selbst anerkennt in einer sauberen, redlichen, wahrheits- und seinsoffenen Haltung einen sakramentalen Vollzug der Taufe und spricht von ihr unter Anwendung einer – wenigstens für mich – gräßlichen Vokabel als «Begierdetaufe». Könnte man da nicht einen glücklicheren Ausdruck finden und etwa von einer «Taufe der Sehnsucht», oder ganz einfach vom «Sakrament der Redlichkeit» sprechen?
Nach dieser Beschreibung müßte ich wohl einen redlichen Denker als einen Vorurteilslosen, einen forschend Prüfenden bezeichnen, einen, der sich dessen bewußt ist, daß er sehr wenig weiß, und der in einer höflichen Zurückhaltung der Wahrheit Raum geben will. Wenn ich über diese Eigenschaften nachdenke, steigt in mir fast ungewollt *das Bild von Sokrates* auf, eines Menschen, der mich in meiner Haltung tief geprägt hat. An seiner Gestalt möchte ich nun verdeutlichen, was ich unter denkerischer Redlichkeit verstehe.
Im Jahre 399 vor Christus stand ein Mann – Sokrates – vor dem Gericht in Athen. Er wurde des schlimmsten Vergehens angeklagt, das einem Menschen der damali-

gen Zeit vorgeworfen werden konnte: Der Angeklagte stürze die überkommene Religion und verderbe die Jugend. Sokrates wird verurteilt, sich selbst den Tod zu geben. Zwar öffneten ihm Freunde die Wege der Flucht, doch starb Sokrates gelassen den über ihn verhängten Tod. Dieser Mann war einer der wenigen «Redlichen», deren Leben – und nicht zuletzt deren Tod – die Geschichte des Abendlandes entschieden geprägt hat. Was in uns, im Herzen eines jeden einzelnen von uns, immer noch auszutragen ist, wurde vorausentworfen durch das Leben und den Tod des Sokrates. Aus ihm erwuchs das eine Abendland, das bis zum Zerreißen in den Widerspruch gespannt ist, der in seinem Leben und Tod inneliegt. «Macht mit mir, was ihr wollt, wenn ihr mich fangen könnt und ich euch nicht entwische» – so lautete eines seiner letzten Worte vor dem Tod.

Sokrates hat seine Mitbürger *zum Denken herausgefordert.* Auf den ersten Blick scheint diese Tat recht unschuldig zu sein. Dennoch hat er einen Teil der Bevölkerung gegen sich aufgebracht. Durch die unscheinbare Art, erwachsene Leute auf öffentlichen Plätzen zu befragen, junge Menschen über die Unwissenheit der Älteren zum Lachen zu reizen, sie zu verspotten oder sie zu zwingen, ihre Unwissenheit zuzugeben, mit alldem hat Sokrates notwendigerweise Mißbilligung erweckt. Noch schlimmer war, daß die Jungen anfingen, Sokrates nachzuahmen und Fragen zu stellen, welche die Großen in Verlegenheit brachten.

Deshalb hat man Sokrates angeklagt, *die Jugend zu verderben.* Verstehen wir diesen Vorwurf richtig: Man hat ihn nicht angeklagt, der Jugend schlechte Sitten beigebracht zu haben, sondern lediglich, die gute Erziehung der Ju-

gend zu zerstören. Er lehrte sie irgendwie die Respektlosigkeit vor dem Alter. In seiner Schule hat man gelernt, sich von niemandem beeindrucken zu lassen. Auch lernte man, keine Ansichten oder Vorurteile ohne Prüfung anzunehmen. Für einen Athener war dieser letzte Vorwurf schwerwiegend. Wohin gelangt man, wenn junge Leute anfangen, die überkommenen Anschauungen im Lichte von Denkevidenzen zu prüfen? Die Rechte des Staates würden dadurch, durch die Menschenrechte, in Frage gestellt. Da erhellt sich die Bösartigkeit des Sokrates.
Demnach war Sokrates nicht nur ein Störenfried, sondern *zugleich auch ungläubig*. Wenn er wenigstens Geld für seine Lehre annehmen würde, wie die Sophisten es tun, dann würde er nur wenige Menschen erreichen, eben jene, die ihn bezahlen können. Die Sache wäre nicht so schlimm. Er spricht aber zu allen, zu Jungen und Erwachsenen. Seine Lehre ist zudem unentgeltlich. Auf die Frage des Vorwurfs der Irreligiosität will ich gleich zurückkommen, nachdem ich die innere Gestalt des Sokrates mit wenigen Strichen geschildert habe.
Die Persönlichkeit des Sokrates war sehr einfach und gleichzeitig zusammengesetzt. *Sein Äußeres* stelle ich mir so vor: Eine riesige Glatze, breites Gesicht; die Augen quollen ihm aus dem Gesicht; er hatte wulstige Lippen und eine platte Nase. Wahrscheinlich hat er sein Äußeres ziemlich vernachlässigt. So können wir denken, daß er Anlaß zum Schmunzeln gab. Übrigens hatte er eine robuste Konstitution und war nicht leicht zu ermüden. In den «Dialogen» begegnen wir einem Mann Sokrates, der endlos trinken kann, ohne betrunken zu werden. Er hört mit seinen Erörterungen erst auf, wenn der letzte Zuhörer «horizontal» geworden ist.

In psychologischer Hinsicht war Sokrates ebenso merkwürdig. Er besaß – wenn man Platon Glauben schenken will – die Fähigkeit, stundenlang bewegungslos nachzudenken. Einmal hat er einen ganzen Tag und eine ganze Nacht stehend vor Zeugen verbracht. Er blieb bewegungslos, und nicht einmal seine Augenlider hat er gerührt. Beim Sonnenaufgang hat er sich zusammengerissen, nahm ein Bad und mischte sich, wie gewohnt, unter die Menge. Sonst war er ziemlich streng mit sich selbst, aber kein Asket. Vor allem hat er die «Feste nie gestört». Umgeben von einer Gruppe junger Leute, deren Moral keineswegs erhaben war, zeigte er sich nie «beeindruckt». Er ließ über die Unmoral Witze machen. Doch spüren wir aus den Berichten Platons, daß er sie klar verurteilte.

Als *Staatsbürger* scheint Sokrates von einem strengen Gehorsam geleitet zu sein. Doch hat man immer den Eindruck, daß er gehorcht wie etwa Blaise Pascal: Mit einem Hintergedanken; mit einer Ergebenheit auf Grund einer tieferen Respektlosigkeit. Gesetze muß es geben. Ohne sie könnte die Gesellschaft nicht bestehen. Zweifellos ist es zu wünschen, daß die Gesetze einigermaßen vernünftig seien. Selbst aber wenn sie lächerlich sind, haben sie etwas Gutes durch ihre bloße Existenz: Sie bewahren uns vor der Anarchie. Dieser lächelnde Konformismus hat etwas herrlich Insolentes an sich.

Schließlich die Frage: War Sokrates überhaupt ein *religiöser Mensch?* Ich werde noch Gelegenheit haben, auf diese Frage eingehender zu antworten. Hier nur soviel: Auf jeden Fall war er von hoher Moralität. Eine Stimme sprach zu ihm, jedesmal wenn eine Handlung zu unterlassen war. Und Sokrates hörte auf diese Stimme. Er selber sprach von ihr als von einem Dämon [daimonion], wie von einem Schutzengel. Merkwürdig ist aber, daß diese Stimme sich immer nur «negativ» einsetzte. Sie sagte nicht, was das Gute ist und was zu tun sei, sondern hat immer nur vor dem Schlechten gewarnt. In jeder Hinsicht war also Sokrates ein äußerst seltsamer Mensch.

Auch seine *Lehrmethode* war höchst merkwürdig. Diese keineswegs banale Persönlichkeit spazierte gelassen auf den Straßen von Athen, umgeben von einer Gruppe junger Männer. Sokrates wollte nicht ihr «Meister» heißen. Doch hatte er Schüler, die ihm leidenschaftlich ergeben waren. Der Unterricht war ebenso zwanglos wie der Spaziergang. Einmal waren sie im Gymnasion, wo die Athleten sich mit Öl beschmierten und ihre Muskeln zeigten. Ein anderes Mal entlang des Flusses Ilyssos, oder auf der Straße, auf dem Markt, oder in einem Geschäft. Jeder Ort war gut für ein Gespräch. Denn der sokratische Unterricht war nie ein Monolog. Während der ganzen Zeit stellte er kleine, unscheinbare Fragen. Er war fast wie ein Untersuchungsrichter, der aus einem Angeklagten die Wahrheit herauslocken wollte. Die Art des sokratischen Dialogs ist durch ein Zweifaches charakterisiert: Durch Ironie und durch Mäeutik.

Die sokratische *Ironie* hat wenig oder gar nichts zu tun mit dem, was man heute gewöhnlich unter diesem Wort versteht. Sie war keine Persiflage. Im wesentlichen hieß seine Ironie: Sich als unwissend bekennen. Zum Beispiel: Sokrates wollte über die Gerechtigkeit sprechen. Statt über den abstrakten Begriff «Gerechtigkeit» zu reden, ließ er sich von seinem Gesprächspartner belehren. Er befragte ihn, stellte sich unwissend. Er gab vor, nichts oder fast nichts zu verstehen. Er spielte nicht nur den Unwissenden, sondern gelegentlich auch den Dummen. Ich kann mir gut vorstellen, wie er innerlich gelacht haben mochte, wenn ein Naiver darauf hereingefallen war. Nun hat die sokratische Ironie einen zweifachen Vorteil in der philosophischen Diskussion.

Zuerst einen *defensiven Vorteil.* Wie kann man einem Menschen seine Unwissenheit vorwerfen, wenn er sich diesem Vorwurf durch das Bekenntnis seiner Unwissenheit bereits entzogen hat? Es gibt nichts Vorteilhafteres, als nichts verlieren zu können. Die Menschen sind – so glaube ich – oft nur deshalb so ängstlich, weil sie hochmütig sind. Auch von diesem Gesichtspunkt her hat die sokratische Ironie eine große Aktualität und war schon immer ein Vorbild für mein eigenes Denken.

Dann aber hat die Ironie einen *offensiven Vorteil.* Unter der vorgetäuschten Unwissenheit konnte Sokrates einfache Fragen stellen. Diese sind übrigens, wie ich in meinem Leben oft erfahren habe, die heikelsten. Sokrates vermochte die überkommenen Anschauungen außer acht zu lassen, ohne in Verdacht zu geraten, er würde sie mißachten. Vor allem aber: Er konnte den Geist seines Gesprächspartners zu den letzten Bastionen zurückzwingen. Es gibt Dinge, die man versteht, wenn man es will – oder wenn man es nicht will, dann versteht man sie eben nicht. Und Sokrates wollte – fast durchgehend – die Erklärung nicht verstehen. So war seine Anwesenheit oft äußerst peinlich: «Warum» und wieder «Wieso» – und dazu noch des öfteren «Erklären Sie es mir, bitte».

Mit der Ironie verknüpfte Sokrates seine besondere Art des Dialogs, die er *Mäeutik* nannte. Der Ausdruck bedeutet wortwörtlich «Geburtshilfe». Sokrates erklärte öfters, daß er auf dem Gebiet des Denkens den gleichen Beruf ausübt wie seine Mutter im alltäglichen Leben. Sokrates'

These war: Jeder Mensch trägt alle Erkenntnisse in sich. Es genügt also, wenn man ihm hilft, sie an den Tag zu fördern. Das Fragen ist die Geburtszange des Denkens. Darin sehe ich einen tieferen Sinn: Falls die Befragung vorsichtig und der Logik entsprechend durchgeführt wird, gelangen die Menschen von sich aus zur Wahrheit, ohne daß man ihnen die Gedanken von außen her beigebracht hätte.

Nun möchte ich die Frage stellen: Wozu diente Sokrates diese aus Ironie und Mäeutik zusammengesetzte Unterhaltung? Welche Thesen hat er damit begründet? Wollte ich hier einfach die einzelnen Thesen des sokratischen Denkens aufzählen, würde ich kein Bild von seiner Rolle im abendländischen Denken geben. Die Bedeutung von Sokrates erschöpft sich nicht in seinen Gedanken und Thesen.

Vielmehr sehe ich seine Bedeutung darin, daß er *am Endpunkt einer Denkentwicklung* stand, welche lange Zeit vor ihm begonnen hat. Diese Entwicklung nahm aber von Anfang an eine falsche Richtung. Es war unbedingt wichtig, daß sie aufhörte. Gerade das hat Sokrates erreicht, indem er zunächst einmal das philosophische Denken auf einen Umweg leitete und es auf anderen Gebieten beschäftigte. Das war sein erster Dienst. Sein zweiter Dienst bestand darin, daß er durch die Art und Weise, wie er Philosophie betrieb, ein ganz neues Problem entdeckte. Dadurch gab er dem philosophischen Denken Gelegenheit, neu anzufangen, diesmal aber in die gute Richtung. Diese zwei Aussagen möchte ich kurz begründen. Sie sind deshalb so bedeutend für mich, weil vielleicht auch wir uns heute in der gleichen denkerischen Situation befinden. Die Geschichte der griechischen Philosophie war bis zum vierten Jahrhundert im wesentlichen eine «Suche nach einem Weg». Der erste Philosoph, den ich so ziemlich am Anfang der Entwicklung sehe, war *Pythagoras*. Zu seiner Zeit hatte sich die Philosophie von den Naturwissenschaften noch nicht losgelöst. Die griechischen Philosophen konzentrierten ihre Aufmerksamkeit auf die wahrnehmbare Welt und suchten nach dem «Element». Dieses sahen sie in der Luft, im Wasser, in der Erde und im Feuer – jeweils für sich genommen, oder kombiniert. Pythagoras trat nun dieser Entwicklung entgegen. Er war ein Mathematiker, und zwar einer der ersten, die über die mathematischen Eigenschaften geometrischer Figuren nachgedacht haben. Die mathematische Formel des rechtwinkligen Dreiecks ist uns allen bekannt.

Nicht so bekannt ist hingegen, daß Pythagoras von den geometrischen Figuren auch auf die Körper überging. Damals hatte man noch keine römischen oder arabischen Zahlen. Vielmehr zählte man mit Punkten. Für Pythagoras hatten die Körper zahlenmäßige «Skelette», eine Zahl, die ihr Wesen ausdrückt. Dazu kommt noch, daß Pythagoras nicht nur Mathematiker, sondern auch Musiker war. Eines Nachmittags spazierte er in der Stadt und beobachtete, wie drei Schmiede in einem Atelier ein Stück Eisen mit Hammerschlägen bearbeiteten. Es ergab sich eine Intervallkomposition, die wir etwa Quart, Quint und Oktav nennen würden. Der Tonunterschied war auf das Gewicht der Hämmer zurückzuführen.

Übrigens griff Pythagoras durch seine Entdeckung auf die moderne Physik und Astronomie voraus. So verstanden, gibt uns Pythagoras keinen Anlaß zur Kritik. Man kann ruhig sagen: Zahlen an sich können keine Körper bilden, wohl aber die «pythagoreischen Zahlen», das heißt, die

Zusammenballung von unsichtbaren zu soliden Punkten. Und genau das wäre die Definition von Atom. Wir sind also gerade beim Atomismus angelangt.

Für *Demokrit* waren nun die Körper aus solch unsichtbaren und soliden Einheiten, aus Atomen gebildet. Was sie voneinander unterscheidet, ist die Art und Weise, wie sie sich zusammenfügen. Genauso, wie aus den sechsundzwanzig Buchstaben unserer Sprache alle Wörter zusammengesetzt werden können. Später wurde der Atomismus von Epikur und Lukretius übernommen. Er überlebte lange Zeit in der Philosophie und noch länger in der Physik. Mit dem Atomismus scheint der Pluralismus gesiegt zu haben.

Parmenides bekämpfte dann den Atomismus sehr scharf. Wir sind noch immer im fünften Jahrhundert vor Christus. Für Parmenides ist es absurd zu behaupten, die Welt bestehe aus Atomen. Sein Beweisgang ist sehr einfach und subtil zugleich: Wenn das Universum aus unauflösbaren Atomen besteht, dann muß es zwischen diesen eine Leere geben. Leere ist aber Nicht-Sein. Man müßte also sagen, das Nicht-Sein als solches existiere. Dies ist aber denkerisch unzulässig. «Über alles aber, mein Sohn» – sagte der alte Parmenides zu einem seiner Schüler –, «verbiete ich dir zu sagen, daß das Nicht-Sein existiert. Sag unerschütterlich: Das Sein ist, und das Nicht-Sein ist nicht. Es gibt keine dritte Möglichkeit.»

Zenon schärfte uns die parmenidische Beweisführung noch mehr ein. Er betrachtete die gegensätzlichen Aussagen, die sich daraus ergeben, daß wir unsere Welt als aus Atomen zusammengesetzt denken. Denn: Entweder sind die Atome unspaltbar, oder sie sind spaltbar. Sind sie unspaltbar, dann berühren sie einander. Wenn sie aber einander berühren, werden sie eins. Wenn sie eins werden, dann sind die Körper unendlich klein. Oder aber die Atome sind spaltbar. Dann aber sind sie ausgedehnt. Wenn ausgedehnt, dann sind sie selber aus Atomen zusammengesetzt, und zwar aus ausgedehnten Atomen. In diesem Fall sind die einzelnen Körper unendlich groß. Was können wir nun gegen diese Beweisführung sagen? Sich auf die Erfahrung berufen? Nach Zenon lautet die Antwort: keineswegs! Der Philosoph hat nicht die Aufgabe, Erfahrungen zu sammeln, sondern sie zu befragen, sie um ihre «Ausweispapiere» zu bitten. Bis zum heutigen Tag hat niemand eine völlig zufriedenstellende Antwort auf die zenonsche Antinomie gefunden.

Das griechische Denken stand wie hypnotisiert vor diesem denkerischen Skandal. Es war damals noch nicht reif genug, daß es sich aus dieser Einbahnstraße der Philosophen hätte herausfinden können. Glücklicherweise sind inzwischen die *Sophisten* aufgetreten. Ich muß hier heute wohl nicht mehr irgendeine Rehabilitierung der Sophisten wagen. Sie waren sicherlich nicht – wie man es eine Zeitlang glaubte – Verderber der Geister oder Vertreter absurder Doktrinen. In Wirklichkeit hatten sie gar keine Doktrin. Und sie waren sehr stolz darauf. Ihre Rolle in der griechischen Denkgeschichte war – soweit ich es beurteilen kann –, das griechische Denken zu «trainieren», den Geist der Griechen in die Dialektik einzuführen und die Grundlagen der Logik zu erarbeiten. Wenn zum Beispiel ein Gorgias sich damit brüstet, er könne beweisen, daß überhaupt nichts existiert, so sollte man nicht so naiv sein, anzunehmen, daß er an seinen eigenen Beweis glaubt, oder denkt, ihn andern glaubhaft machen zu können. Aber: Seine Subtilität, sein geistiges Feuerwerk und seine Wortspiele amüsierten das griechische Denken. Das war in diesem Stadium des Denkens wohl auch das Beste. Auch heute ist es so: Wenn ein Schüler auf eine scheinbar unlösbare Schwierigkeit stößt, nützt es ihm gar nichts, wenn er weiter ausharrt und unbedingt weitermachen will. Vielleicht ist das Beste, was ein guter Freund für ihn tun kann: Er nimmt ihn auf eine schöne Wanderung mit, zeigt ihm einen See, die Berge. Wenn Gorgias beweisen kann, daß überhaupt nichts existiert, dann bedeutet das ganz einfach: Man kann nichts beweisen.

Zu dieser Zeit – ich bin inzwischen im vierten Jahrhundert vor Christus angelangt – betrat Sokrates die Szene. Er war sicherlich ein Gegner der Sophisten, deren Spiel nicht weitergeführt werden konnte, wenn die Philosophie bestehen sollte. Doch war er selber irgendwie ein Sophist. Er zerstörte den alten Dogmatismus. Das unerhört Neue, die eigentliche Bedeutung von Sokrates liegt wohl darin, daß er das griechische Denken von der Metaphysik abgelenkt und es in die Richtung der inneren Beobachtung, oder – wenn man will – des Existentialismus geführt hat. Die Maxime der Dogmatiker lautete: «Erkenne die Welt.» Sie wird bei Sokrates heißen: «Erkenne dich selbst.»

Bei Sokrates – der ja eine praktische Philosophie begründen wollte – ist diese philosophische Bemühung nicht in die Ablehnung der Spekulation entartet. Er wollte keinen Empirismus und noch weniger eine «Moralpredigt». Er begnügte sich nicht damit, zu sagen: «Sei gerecht», sondern fragte: «Was ist Gerechtigkeit?» Er war also auf der Suche nach Definitionen, oder anders ausgedrückt, nach dem «*Wesen der Dinge*». Dadurch hat er das Auftreten von Platon und vor allem von Aristoteles ermöglicht.

Um die Definition, etwa der «Gerechtigkeit» oder der «Klugheit», zu geben, erfand Sokrates eine Art *Induktion*. Er sammelte zuerst Einzelbeispiele und versuchte das gemeinsame Merkmal zu erschauen. Im Fall der Gerechtigkeit: Sokrates ließ zuerst die hauptsächlichen Eigenschaften, die sich in einem gerechten Menschen vorfinden, vor seinen Augen vorbeiziehen. Nachdem er die Beispiele zusammengefaßt hatte, versuchte er das gemeinsame Element zu «abstrahieren». Dieses Element wäre dann das Wesen der Gerechtigkeit. Alles, was nicht zu diesem Wesen gehört, ist zufällige Eigenschaft, Akzidens. So sagen wir auch: Es gehört zum Wesen des Gerechten, daß er seine Freunde nicht belügt, nicht stiehlt, nicht unbotmäßig schadet. Es ist aber auch eine zufällige Eigenschaft, ein Akzidens, daß er etwa helle Haare hat, oder vom Rheumatismus geplagt ist. Das alles scheint sehr einfach zu sein, und es ist tatsächlich sehr einfach. Doch gerade durch einen so einfachen Gedanken hat Sokrates – ohne es vielleicht selber bemerkt zu haben – einen neuen Ausgangspunkt und eine neue Möglichkeit des Fortschreitens für die Philosophie geschaffen.

Hat man nämlich einmal das «Wesen der Dinge» erkannt, dann erscheinen die konkreten Dinge als «Inkarnationen» dieses einen Wesens. Das einzelne Ding partizipiert an einem Allgemeinen. Indem man dieses Allgemeine erfaßt hat, kann man zum Beispiel sagen, daß dieser einzelne Mensch klug ist. Damit behauptet man gleichzeitig, daß dieser einzelne Mensch *die Idee* der Klugheit in sich realisiert, oder an der Idee der Klugheit teilhat.

Während Sokrates solcherart auf der Agora – ironische Komplimente streuend und subtile Fragen stellend – herumspazierte, hörte ein junger Mann leidenschaftlich zu und drang in seine Gedanken ein: Platon. Ein junger Mann, der vielleicht eine weniger «schöne Seele» hatte und weniger tief in der Moral verankert war, dafür aber zweifellos eine mächtigere Intelligenz besaß und sich angriffslustiger gebärdete. Nach dem Tode seines Meisters – ja, noch während seiner Lebenszeit – hat Platon angefangen, zuerst kleinere, dann aber auch größere Dialoge zu verfassen, in denen er die Lehre des Sokrates darstellte. Am Anfang haben wohl diese Dialoge [der ersten Periode] die tatsächliche Lehre von Sokrates kaum verfälscht. Solange Sokrates da war, blieb Platon ein gefügiger Schüler. Indem er aber reifer wurde, genügte es ihm nicht mehr, die Lehre seines Meisters zu wiederholen. Er versuchte, sie zu vertiefen.

Beim ersten Stich der gedanklichen Sonde zeigt sich sofort ein schwerwiegendes Problem. Wenn man die Ideen, das heißt jenes, was den Dingen gemeinsam ist, als allgemein und unveränderlich denkt, dann sind sie ihnen notwendigerweise auch *äußerlich*, da die Dinge selbst nach unserer Erfahrung immer einmalig und veränderlich sind. Die Gerechtigkeit ist doch etwas anderes als der Gerechte. Wenn aber die Dinge unserer Erfahrung so sind wie sie sind und gleichzeitig an einer Idee teilhaben, dann sind die Ideen «wirklicher» als die Wirklichkeit selber. Wie aber kann man das erklären?

Aus diesem Gedanken ergeben sich *verschiedene Schwierigkeiten*, und zwar drei an der Zahl. Erstens: Was sind die Ideen in sich selbst, und wie sollen wir sie uns vorstellen? Zweitens: Wo sind sie? Drittens: Was ist die Beziehung der greifbaren Wirklichkeit zu ihnen? Diese drei Probleme kommen fast in allen platonischen Dialogen zum

Vorschein. Platon scheint von ihnen wie gebannt gewesen zu sein. Um eine Zusammenfassung zu geben, werde ich nun Platon selbst reden lassen. Natürlich wird Platon die Schwierigkeiten Sokrates selbst zuschreiben:

«Sokrates: Die Dinge sind, mein Wunderbarer, wie wir gesagt haben, was sie durch die Teilhabe an einer Idee sind. Diese weißen Dinge sind weiß, da sie an der Weißheit partizipieren. Ist es so? – Enticнes: Ganz und gar, Sokrates! – Sokrates: Aber das ‹Weiße an sich›, wie ist es? Was können wir über das Weiße aussagen? Können wir etwa behaupten, es sei rund? – Enticнes: Nein! Das würden wir nicht sagen, Sokrates! – Sokrates: Oder, es sei viereckig? – Enticнes: Es gibt keinen Grund dafür! – Sokrates: Hat es wenigstens irgendeine Form? – Entiches: Man sieht nicht ein, warum es eine Form haben sollte. Es gibt keinen Grund,warum es eher diese und nicht eine andere Form besitzt. Es ist einfach weiß! – Sokrates: Aber dann – da es keine Form, keine Dimension und kein Gewicht besitzt – ist das Weiße einfach nicht wirklich. Es existiert also nicht. Du siehst aber gleich ein: Wenn das ‹Weiße an sich› nicht existiert, dann sind die weißen Dinge – die ja dadurch weiß sind, daß sie am Weißen partizipieren – gar nicht weiß. Würden wir sagen, Entiches, daß die weißen Dinge nicht weiß sind? – Entiches: Wir würden es nicht sagen! – Sokrates: Wenn die weißen Dinge wirklich weiß sind und wenn sie weiß sind, weil sie am Weißen teilhaben, dann existiert das Weiße dennoch! – Entiches: So muß es sein! – Sokrates: Das Weiße existiert also und es existiert nicht, zur gleichen Zeit! Wie können wir uns aus diesem Dilemma befreien?»

Diese Probleme fassen jene Frage zusammen, die man im Mittelalter als den *Universalienstreit* gekannt hat. Platon selbst hat uns keine befriedigende Lösung vorgeschlagen. Genau diese Frage wird später auch Aristoteles beschäftigen. Er [und übrigens die ganze Scholastik auch] wird Platon fortsetzen, indem er auf diese drei Fragen Antworten gibt, die aber im wesentlichen seither gleich geblieben sind. Es ist bis zum heutigen Idealismus in Schwebe geblieben, diese drei Fragen sachgerecht zu beantworten. Wenn ich schon bei solchen «geschichtlichen» Überlegungen bin, kann ich noch kurz die Frage berühren, woher wir über Sokrates informiert sind.

Daß uns Sokrates derart unbekannt blieb, ist ein Ärgernis der abendländischen Geschichte. Wir wissen recht wenig von ihm. Dieses Wenige ist durch die individuelle Darstellung von drei Berichterstattern gefärbt.

Im Jahre 423 hat *Aristophanes* an einem Fest, an den sogenannten Dionysien, eine Komödie aufführen lassen. Seine Komödie, «Die Wolken», erhielt den dritten Preis. Die Handlung dreht sich um einen Bauern und seinen Sohn. Sie beginnt am frühen Morgen. Der Bauer kann nicht schlafen wegen seiner Schulden und wegen seines Sohnes. Da fällt ihm Sokrates ein. Er soll ihn lehren, wie er, ohne die Schulden zu bezahlen, die Gläubiger los wird. Aus dem Gespräch mit Sokrates erfahren wir, daß dieser dem Bauern die Illusion über die Götter nehmen will. Er führt die Allgewalt des höchsten Gottes, Zeus, auf Naturgeschehnisse zurück. Aristophanes wollte Sokrates als einen Zerstörer des alten Mythos zeigen. Es ist durchaus möglich, daß der Eindruck dieser Komödie bis zum unglückseligen Prozeß im Jahre 399 nachgewirkt hat.

Ganz anders berichtet *Xenophon* über Sokrates. Xenophon war ein wohlhabender Gutsbesitzer. Er liebte Jagd und Pferde, hatte eine vornehme, ihm sehr ergebene Frau und wohlerzogene Kinder. Wie wollen wir glauben, daß so ein Mensch einen «Deklassierten» wie Sokrates versteht? Ohne es eigentlich zu wollen, konventionalisiert er ihn. Für Xenophon ist Sokrates einfach ein guter, ja sehr guter Mensch. Allerdings hätte er seinen Richtern gegenüber weniger brüsk sein und sich im übrigen irgendwie mit ihnen verständigen sollen, damit er den Giftkelch nicht zu trinken brauchte.

Der wirkliche Zeuge für mich ist aber *Platon*. Freilich kann man endlos darüber diskutieren, wieviel Platon aus dem Seinigen dem Bild von Sokrates hinzugefügt hat. Aber: der Sokrates, den er zum Leben erweckt, ist ein gefügter und geschichtlich sehr wahrscheinlicher Mensch. Sollte er nicht in allem historisch genau gezeichnet sein, ersetzt er wenigstens mit Vorteil denjenigen der Geschichte. Jedenfalls ist er jener Sokrates, der für uns existiert. Mit ihm haben wir zu tun. Ihn müssen wir kennen und – so hoffe ich – lieben lernen. Nun kann ich die Frage stellen, inwiefern die Anschuldigungen, Sokrates zerstöre die hergebrachte Religion, ihre Gründe haben.

Wenn man *die Anklage der Gottlosigkeit* gerecht betrachten will, muß man zuerst feststellen, daß Sokrates ein ausgesprochener Vertreter der apollinischen Religion war. Die Verpflichtung des Sokrates auf die Wahrheit und die Klarheit, ja Geordnetheit des Apollinischen entsprechen einander. So fand auch die delphische Priesterschaft einen starken Anwalt mitten in jener Bewegung der Philosophie, die sonst der üblichen Religion gegenüberstand. Nach Platons «Apologie» war die in Delphi von Sokrates gestellte Frage eine Alternative: «Ist einer weiser als Sokrates?» Unter «sophos» verstand man im fünften Jahrhundert vor Christus jene Haltung, die als Impuls das philosophische Fragen bestimmte. Die verneinende Antwort der Pythia, niemand sei weiser, sprach Sokrates den Rang zu, in der philosophischen Bewegung der Weiseste zu sein. Damit war aber Sokrates vor ganz Griechenland Delphi verpflichtet. Die apollinische Religion gewinnt in der philosophischen Bewegung gleichsam einen Priester. Damit tritt – wenigstens hier – die mythische Religion in ein Bündnis mit dem Neuen. Von diesem Gesichtspunkt aus erscheint also Sokrates keineswegs als ein Gottloser. Dabei muß ich aber sehr vorsichtig urteilen.

Im Unterschied zur Neuzeit bestand die griechische «Gottlosigkeit» nicht darin, überhaupt jedes göttliche Wesen zu leugnen, sondern nur, die bisher herrschenden Göttergestalten oder Legenden als unverpflichtend zu empfinden. Von der neuen philosophischen Bewegung wurde auch nicht das «Göttliche» geleugnet. Sie erhob dagegen den Anspruch, zutreffender als der überkommene Mythos und seine Kulte das wahre Wesen des Göttlichen zu kennen. Sokrates hatte beides, *das Überkommene und das Neue,* in sich auszutragen und für das Neue durch seinen Tod Zeugnis abzulegen.

Nun möchte ich kommentarlos die abschließenden Zeilen des Dialogs «Phaidon» über den *Tod des Sokrates* beifügen: «Auf welche Weise aber sollen wir dich begraben? fragte Kriton. Wie ihr wollt – gab Sokrates zur Antwort –, falls ihr mich fangen könnt und ich euch nicht entwische. Dazu lachte er und sah uns an... Nach diesen Worten stand er auf und ging in ein anderes Gemach, um dort ein Bad zu nehmen... Nach dem Bad gab Kriton dem Diener, der in der Nähe stand, ein Zeichen. Der Knabe ging hinaus und kam nach einer Weile mit dem Mann, der das

Gift reichen sollte, das er gerieben in einem Becher mit sich brachte. Als Sokrates den Mann sah, sagte er: Also gut denn, mein Bester. Du weißt ja darüber Bescheid. Was soll ich tun? Wenn du den Kelch getrunken hast – sagte dieser –, brauchst du nur hin und her gehen, bis deine Glieder schwer werden. Dann mußt du dich hinlegen. So wird das Gift schon von selbst wirken. Zugleich reichte er dem Sokrates den Becher. Sokrates nahm ihn mit heiterer Miene, ohne zu zittern. Ganz nach seiner Gewohnheit blickte er den Mann fest an und fragte ihn: Was meinst du, soll man auch von diesem Trank den Göttern eine Spende vergießen? Ist das erlaubt oder nicht? Sokrates – erwiderte der Mann –, wir reiben davon gerade soviel, wie wir glauben, daß es zum Trinken richtig ist. Ich verstehe – sagte Sokrates –; es ist aber wohl erlaubt und auch notwendig, zu den Göttern zu beten, daß die Fahrt ins Jenseits glücklich verlaufen möge. Darum bitte ich jetzt. So möge es geschehen. Mit diesen Worten setzte er an und trank gelassen und heiter aus. Bis dahin waren wir so ziemlich imstande gewesen, die Tränen zurückzuhalten. Als wir aber sahen, wie er trank und wie er dann fertiggetrunken hatte, da konnten wir es nicht mehr, sondern mir selbst drangen mit Gewalt die Tränen in Strömen hervor... Was macht ihr denn, ihr wunderlichen Leute? Ich habe die Frauen nicht zuletzt deshalb weggeschickt, damit sie sich nicht so töricht aufführen... Nachher ging er hin und her. Dann sagte er, er spüre jetzt, wie seine Glieder schwer würden, und legte sich auf den Rücken... Der Mann faßte ihn wieder an und sagte, wenn es bis zum Herzen fortgeschritten sei, dann werde er scheiden. Da reckte sich Sokrates noch einmal auf und sagte – dies waren seine letzten Worte –: Kriton, wir schulden dem

Gott Äskulap einen Hahn. Entrichtet ihm den und versäumt es nicht. Das soll geschehen – sagte Kriton –, aber sieh, ob du sonst noch etwas zu sagen hast. Auf diese Frage gab er keine Antwort mehr. Kurz darauf machte er noch eine Bewegung. Dann deckte ihn der Mann auf. Sein Blick war gebrochen. Als Kriton das sah, schloß er ihm Mund und Augen.»

Der als Gottloser verurteilt war, starb im Gehorsam gegen den Gott Apollon. Sein letztes Wort war die Bitte um einen Dienst gegenüber dem Heilergott Äskulap. Das allerletzte Wort aber, das Platon zu diesem Tod zu sagen hatte, das unausschöpfbar ist, lautet: «Dies war das Ende unseres Freundes, des Mannes, der unserem Urteil nach von den damals lebenden, mit denen wir es versucht haben, der Trefflichste war und auch sonst der Weiseste und Gerechteste.» Ich glaube, an der Schicksalsgestalt des Sokrates einigermaßen verständlich gemacht zu haben, was ich unter geistiger Redlichkeit verstehe, unter einer Tugend, die nicht nur Grundbedingung jeglicher denkerischer Arbeit ist, sondern auch für uns selbst als die Bedingung jeder ehrlichen Zukunft betrachtet werden muß.

GEDULD

Eirenaios von Lyon

Gelassenheit und Milde wurden mir – Gott weiß – nicht in die Wiege gelegt. Doch betrachte ich heute als einen der schönsten Texte denkerischen Selbstzeugnisses jenen Ausspruch des Augustinus, den er an seine Gegner, die Manichäer, richtete: «Zürnen mögen euch jene, die die Seufzer und die Tränen nicht kennen, die selbst die kleinste Erkenntnis... kostet. Böse sein mögen euch jene, die niemals vom Wege abgelenkt worden sind. Mir ist es unmöglich, euch zu zürnen. Wir wollen vielmehr gemeinsam jenes suchen, das uns gleichermaßen unbekannt ist. Keiner von uns soll die Kühnheit haben oder den Dünkel, zu behaupten, er besitze die volle Wahrheit bereits.»

Die lebendige Geduld ist eine umfassende und *versöhnende Kraft*. In ihr verschwistern sich die Gegensätze auf eine geheimnisvolle Art. In ihr gelangt der Mensch – unter der vielschichtigen Last seiner personalen Heils- und Unheilsgeschichte – zu jener umfassenden Gelassenheit, welche die Widersprüche des Daseins nicht nur hinnimmt und die anscheinenden Sinnlosigkeiten des Lebens nicht nur erträgt, sondern ihnen ein seltsames Recht einräumt.

Die Geduld *traut dem Schicksal Gutes zu*, wundert sich aber nicht über das Gegenteil. Darin lebt die Kraft der Duldung: Das Dasein soll bestehen, wie es ist. Die Härten, Seltsamkeiten und Verworrenheiten des Lebens sollen nicht gewaltsam ins Gegenteilige umgedeutet werden.

Erst die Helle des Verstandenen und das Dunkle des Undeutbaren ergeben den verborgenen Sinn der Existenz. Nur selten – oder gar nie – konnte ich über das Sonderbare des menschlichen Daseins lachen und noch seltener, ihm Verachtung entgegenbringen. Ich fühlte mich durch sie bestätigt in meinem eigenen, widerspruchsvollen Wesen.

Dieses *Geltenlassen der Kreatur,* dieses «Sich-selbst-und-andern-Zeit-Lassen» für Reifung und Prüfung, ist nicht mit jener Haltung zu verwechseln, die den Kampf für das Schöne und Gute von vornherein aufgibt, weil sie ihre Bedeutsamkeit nicht fühlt. Ich muß dabei eines gestehen: Der geduldige Mensch ist ein ungewöhnlich empfindliches Wesen. Gerade seine Empfindlichkeit läßt ihn aber spüren, wie wenig der Mensch von sich aus «erzwingen» kann und wie tief er und andere hineingesenkt sind in das Chaos der unkontrollierbaren Zusammenhänge der Welt. Das Eigentliche liegt *jenseits des Erahnten,* aus eigener Kraft Erschafften und Erdachten, demnach auch jenseits unseres Findens und unserer Irrung. Das eigentliche Maß menschlichen Seins ist nicht das Bereits-Vollbrachte, sondern das Noch-Ausstehende, etwas also, worüber wir – sei es Gnade oder Unheil – nicht von uns aus verfügen können. Dabei gilt es für mich besonders, das Leben, die Gestalt und die Bedeutung von *Eirenaios von Lyon* zu bedenken. Wer kann sich in die Lage versetzen, in der sich dieser einsame Grieche im Gallien des zweiten Jahrhunderts nach Christus befand? Doch gibt es Ereignisse, die – für jeden, dem sie aufgehen – des Wunders voll sind und ihm das Wort der Vorsehung in einer besonderen Weise auf die Lippen legen. Da ist ein Mensch im frühen Christentum aufgewachsen und wurde für uns von heute Be-

freier. Damals entschied sich zu einem großen Teil unser christliches Schicksal. Da der geistige Kampf von Eirenaios viel Ähnlichkeit mit jenem Ringen aufweist, das ich in meinem eigenen Dasein zu bestehen hatte und welches ich bei vielen Freunden beobachten mußte, ist es notwendig, über einen Grundvorgang der gottsuchenden Existenz zu reflektieren: die innere Verdunkelung des gläubigen Daseins. Es kann in unserer individuellen Heilsgeschichte Augenblicke geben, da jede sich auf eine geistige Höhe richtende Bewegung der Seele als sinnlos erscheint. Dies von mir selbst nicht einzugestehen, wäre einfach unredlich. Es handelt sich dabei um ein Irrewerden an Gott. Weltgeschichtlich stand Eirenaios in dieser geistigen Situation. Wenn ich seine Tat gebührend würdigen will, muß ich mich zuerst auf die Geschichte meiner eigenen Gottbeziehung zurückbesinnen, ihren Gang und ihre Bahn meditativ erfassen.
Ich lebte damals – es war in meiner späten Jugend – einfach dahin, unbewußt jener inneren Kräfte der Umformung, die in mir bereits am Werk waren. Vielleicht war in meiner Seele ein Verlangen nach dem Großen, eine edle Haltung und ein Mitschwingen mit der Schönheit. Auf einmal fühlte ich mich *von der Macht des Absoluten angezogen*. Das war meine erste Hinwendung zu Gott, meine Bekehrung. Eine geheimnisvolle Flamme entfachte sich in meiner Existenz. Eine wundersame Helle umstrahlte die ersten Zeiten der Bekehrung zu Gott. Es war jene Heiterkeit des Herzens, die von den Lehrern geistigen Lebens als untrügliches Zeichen für die Gottzugewandtheit einer Seele bezeichnet wird. Sie versetzte mich in jene Höhe der Seinsintensität, die in der mittelalterlichen Theologie mit der Bezeichnung «Hochgemutheit»

erfaßt wurde: Das Sichspannen des Gemütes auf das Überragende.

Ebenso unbemerkt schlich auch das Böse heran. Auf einmal bemerkte ich, daß ich all das, diese Herrlichkeit des Seins nicht aushalten konnte. Ein bis anhin versteckter Widerwille gegen diese Schönheit und Höhe der Empfindung erhob sich. *Dunkle Mächte wurden wirksam.* Selbstsucht und Selbstbespiegelung machten alle vorherigen Erfahrungen nichtig. Das Sein hörte auf einmal auf zu strahlen und beglückend zu sein. Von einem Augenblick zum andern entstand aus der Welt der Beglückung eine Trug-Welt, zum Verzweifeln kahl, trostlos und gespenstisch. Vielleicht ist es nicht jedem gegeben, diesen Umschwung des ganzen Menschen zu erleben. Es ist kein Glück, diese Erfahrung machen zu müssen. Wer sie hat, kann die Dinge der Welt nicht mehr harmlos ansehen. Aus größter Seligkeit kann uns unser Schicksal – ist es Gott? – in die tiefste Verzweiflung stürzen, von der ersten Liebe in die fast unüberwindbare Abneigung. Die Tage gehen dahin. Die Kraft des inneren Schwunges hat sich aufgebraucht. Der Ausweg zu Gott ist vermauert.

Alles scheint in solchen Augenblicken «vergewaltigt», selbst der Himmel. *Und Gott schweigt.* Sein Schweigen scheint zu beweisen, daß er keine Macht mehr hat. Unklarheit schleicht an die Seele heran: Was ist nun wahr und was ist falsch, gut oder böse? Von allen Rändern drängt das Ungeheure ein. Das war es, was in meinem Dasein geschah, als in meinem Innern das Böse in Bewegung geriet. Alle Erscheinungen kündeten einen letzten Schrecken an. Auf einmal wurden alle Dinge falsch, so unbegreiflich verzerrt, daß mir die Unerlöstheit des Seins laut entgegenschrie. Es ist also möglich in unserer Welt,

daß der Mensch einen Gott hat und eine lebendige Seele, daß er aus den beiden besteht, in beiden sich freut, von beiden her leidet und dann erklärt, es gebe keinen Gott und keine Seele. Die Fähigkeit des Menschen, zu verneinen, kennt keine Grenzen.
Wer hätte all das noch nicht erfahren? Sowohl die Höhe als auch die Tiefe der Gott ausgelieferten Existenz. Christi Leben bestand ja im Aushalten dieser gegensätzlichen Erlebnisse, die ihn so weit trieben, daß sein Blutschweiß «auf die Erde niederrann». Erlösung bedeutet demnach, daß der Mensch sowohl von seinen Höhen als auch von seinen Tiefen Abstand nimmt und sagt: All das ist vorläufig und berührt das Wesen meiner Gottbeziehung nicht. Das ist dann die Tapferkeit zum Sein, ja zum wesenhaften Sein. Das Eigentliche der Tugend der Tapferkeit ist wohl nicht Angriff, nicht Selbstvertrauen und nicht Zorn, sondern *Standhalten in Geduld.* Nicht aber deswegen – ich konnte es mir nicht häufig genug wiederholen –, weil Geduld und Standhalten besser und vollkommener wären als lebendige Tat und Selbstvertrauen, sondern deshalb, weil die wirkliche Welt so gebaut, aus solchen Gegensätzen zusammengesetzt ist, daß erst im äußersten Ernstfall, der außer dem Standhalten gar keine Möglichkeit des Widerstandes übrigläßt, die letzten und tiefsten Seelenkräfte des Menschen sich zu offenbaren vermögen. Die Geduld ist etwas ganz anderes als das wahllose Hinnehmen von irgendwelchen Übeln. Thomas von Aquin sagt: «Geduldig ist nicht, wer das Übel nicht sieht, sondern wer sich dadurch nicht zu Traurigkeit hinreißen läßt.» Geduldig sein heißt: Sich durch die Verwundungen, die aus der Verwirklichung des Guten erwachsen, nicht die Heiterkeit und die Klarsichtigkeit der Seele rauben zu lassen.

Wird aber das Leben in all seinen Dimensionen, sowohl als Glück wie auch als Schmerz, nicht geduldig hingenommen, so entsteht der *Zustand einer letzten Gottlosigkeit.* Aber nicht so, daß Gottes Sein ausdrücklich geleugnet würde. Nein, solche Menschen können sehr fromm und gottbezogen sein. Das aber nur im Bereich des Lichthaften, Beglückenden und Frohen ihrer Existenz. Sie vermögen ihre Dunkelheiten, ihr Unglück und ihre Traurigkeit nicht mit Gott in Beziehung zu setzen. Und so hat Gott nicht mehr Macht über ihr gesamtes Leben. Sie weichen jenem aus, was eine letzte Entscheidung für Gott bedeutet. Sie finden Gott nicht mehr in der vordergründigen Sinnlosigkeit der Welt und des eigenen Lebens. Sie können nicht mehr mit Gott jenes Große aussprechen, das den eigentlichen Inhalt der Schöpfungsgeschichte ausmacht: «Und Gott sah alles, was er gemacht hatte, und siehe, es war sehr gut» [Gen 1, 31]. Indem der Mensch dieses Wort nicht mehr aussprechen kann, hinein in sein eigenes Leben, entsteht in ihm eine letzte Unverbindlichkeit der Wirklichkeit der Welt und Gott gegenüber. Er läßt Gott nicht mehr «herrschen», gibt ihm seine Dunkelheit nicht preis, verbannt Gott auf die Lichtseite der Schöpfung, öffnet ihm seinen eigenen Abgrund nicht. Er hat keinen «Allherrscher» mehr, sondern nur ein schwaches, kleinliches Gegenüber, das ihm im wesentlichen Bereich seines Schicksals, in seinem Leid, nicht zur Seite stehen kann.

Genau diese seelische Situation stellte sich im frühen Christentum des zweiten Jahrhunderts ein. Die erste Glut der Opferbereitschaft einer noch christusnahen Zeit hatte sich ausgeglüht. Die Naherwartung der baldigen Wiederkunft Christi in Herrlichkeit hatte sich als sinnlos erwiesen. Die Christen befanden sich wieder in einer Welt, die sich ihrem Glauben an das Gute entzog. Darin bereitete sich eine unerhörte, bis zu unserer Zeit nie wieder erlebte *Abwendung vom christlichen Gott* vor. Das einfache Volk blieb zwar seinem leidenden Erlöser treu, wie das «Volk» immer vom Leid der Existenz mehr versteht als die durch ihre Gebildetheit oft verbildete Klasse der «Wissenden». Dem einfachen, sein Leben in der Nähe der dem Leid und der Unberechenbarkeit des täglichen Schicksals ausgelieferten Kreatur verbringenden Menschen ist Gott in besonderer Weise nahe. Überall in seinem Leben, im Glück und im Leid, läuft der Rand, auf dessen anderer Seite Gott steht.

Zur gleichen Zeit aber standen Menschen auf, die vor einem Gott, der Leid, Finsternis und Verwirrung zuläßt, ja der sich in die Dunkelheit menschlichen Daseins begibt, indem er Mensch wird, nicht mehr die Knie beugen, von ihm nichts wissen wollten. Geschichtlich ist diese Bewegung unter der Bezeichnung «Gnosis» oder «*Lehre der Wissenden*» bekanntgeworden. Es sind feinfühlige, kultivierte Menschen, die dieser Bewegung die entscheidenden Impulse gegeben haben. Sie erlebten die ganze Spannung des Daseins, die Widersprüche des konkreten Lebens in ihrer Härte und gedanklichen Unauflöslichkeit. Sie erfuhren das Gute sehr lebendig, besonders dessen existentielle Form, das Edle, Reine und Schöne. Sie fanden sich den Forderungen des Geistes ausgesetzt, vor allem in der Gestalt des Hohen und Idealen. Und das alles in einer sehr verletzlichen Weise, so daß sie geneigt waren, alle Unvollkommenheit als Bedrohung zu erleben, sie einfachhin mit dem Bösen gleichzusetzen.

Das Unvollkommene darf schlechthin nicht existieren.

Das Leid wird als eine Macht empfunden, als eine *seinsbestimmende Wirklichkeit,* als etwas Lebendiges und Gott Entgegengesetztes. Es gilt, sich alldem zu entziehen, rein und vollkommen zu bleiben und alles zu verurteilen, was in den finsteren Bereichen der Welt, in Sünde und Kraftlosigkeit dahinschwankt. Für Barmherzigkeit bleibt da kein Raum mehr übrig. Es ist in dieser Welt nur das eine notwendig: Den eigentlichen Menschen, dieses in die Tiefe gestürzte Lichtwesen, von seiner Gestürztheit zu befreien, alles abzulehnen, was Milde und gütige Nachsicht bedeutet. Das geknickte Rohr soll gebrochen und der glimmende Docht ausgelöscht werden. In einer geisterleuchteten Gesellschaft der Reinen haben sie kein Recht auf «Dasein». Und auch ein Christus kann nicht Gott sein, der sich an die Seite der Schwachen und Beladenen stellt, der den Kranken hilft und die Kleinen segnet, der Mitleid mit menschlicher Not hat, derart, daß es ihm Tränen aus den Augen preßt, der Zuneigung ist zum bedrohten Geschöpf. Nein, Christus ist ein reines Lichtwesen, und keine Schwachheit hat an ihm teil. Gott ist immer schön, immer beglückend, immer den Reinen zugewandt. Mit Sündern, die den Einbruch der Gottesherrlichkeit in die Welt verhindern, hat er nichts zu tun. Solche Menschen gehören in den vom Satan beherrschten Bereich der Welt, sollen verdammt, ausgeschieden werden, damit die Schöpfung wie mit Engelsflügeln aus eigener Kraft zu Gott emporsteigen kann. Ein sich erniedrigender, verurteilter, sterbender Gott ist kein Gott für diese Reinen, ist Erfindung sündhafter Ohnmacht der Unwissenden und Unbelehrbaren.

Dies und vieles andere mehr sollte erwähnt werden, um die gnostische Bewegung zu charakterisieren. Ich habe hier aus der Vielfalt der gnostischen Gedanken und Systeme nur einen Grundtypus herausgehoben, eine absolute Gnosis sozusagen, die sich nach den jeweils gegebenen Voraussetzungen zum System der Weltdeutung entfalten kann. Genauer gesagt: Eine psychologische Struktur, die zur «Gnosis» wird, sobald sie sich in der Erlebnisstruktur eines Menschen durchsetzt. Ich sehe darin nur eine geschichtliche Verwirklichung jener Grundversuchung des inneren Menschen, von der vorhin die Rede war.

Gegen diese Reinen und Selbstgerechten, gegen die «Verbannung Gottes auf die Sonnenseite der Welt», hat sich ein Mensch im zweiten Jahrhundert aufgelehnt. In dieser Zeit, um das Jahr 115, wurde in Kleinasien ein Mann geboren, der nach der Bedeutung seines Namens, *Eirenaios*, ein Friedensmann sein sollte und Gottes Allherrschaft und Barmherzigkeit bis zum Blut seines Märtyrertums verteidigte. Eirenaios wurde damit zum Vater jenes Glaubens, den wir heute besitzen, der uns in den Widrigkeiten unseres Alltags aufrechterhält. Er war Schüler des heiligen Polykarpos, der seinerseits seinen Glauben vom heiligen Evangelisten Johannes empfing. Von seinem Leben wissen wir recht wenig. Sein Schicksal verschlug ihn aus Kleinasien nach Gallien. Wahrscheinlich geht die Missionierung großer Teile Ostgalliens auf ihn zurück. Als Bischof von Lyon bekämpfte er mit Wort und Schrift die gnostische Irrlehre. Über die Einzelheiten seines Lebens fehlt genauere Kenntnis. Seine Schrift «Elenchos kai anatrope tes pseudonomou gnoseos» [Entlarvung und Widerlegung der falschen Gnosis], gewöhnlich als «Adversus haereses» zitiert, enthält fünf Bücher in griechischer Sprache und ist für uns in einer getreuen lateinischen

Übersetzung erhalten. Wichtige griechische und armenische Fragmente existieren, vor allem aus Buch 4 und 5. Das Werk wurde – mit Unterbrechungen – etwa zwischen 180 und 190 vollendet. Man kann die Bedeutung dieses Werkes für uns und die Zukunft der Christenheit kaum überschätzen. Worin bestand nun der von Eirenaios bewirkte Umbruch im christlichen Glauben? Warum wählte ich ihn als Vorbild der denkerischen Geduld?

Eirenaios' Glaube ist eine *Botschaft von einem guten Gott.* Man könnte als Grundeinsicht der Geschichtsauffassung von Eirenaios das Jesuslogion des Markusevangeliums hinstellen: «Auch sagte er zu ihnen: So ist es mit der Herrschaft Gottes, wie wenn ein Mann den Samen auf die Erde wirft und schläft und aufwacht, nachts und tags; und der Same sproßt und macht sich lang, wie – der Mann weiß es nicht» [Mk 4, 26–27]. Eirenaios begriff dieses Gleichnis als die Geschichte der Menschheit: Die Menschheit wächst einem Ziel entgegen, das menschlich unerreichbar ist; dieses Ziel ist die Vergöttlichung. Wie aber erschafft Gott «Götter»? Ich sehe sogleich, welcher große Geist Eirenaios sein mußte, um überhaupt diese Frage zu stellen, derart in das Wesentliche der Botschaft Christi vorzustoßen. «Wir sind nicht von Anfang an Götter geworden, sondern zuerst Menschen und dann erst Götter. Gott ist in seiner einmaligen Güte so weit gegangen, daß er spricht: ‹Ich habe gesagt: Götter seid ihr und Söhne des Höchsten allesamt›» [IV 38; 4].

Nochmals: Wie kann *Göttliches aus dem der Not und dem Tod ausgelieferten Menschendasein emporsteigen?* «Wie will der Gott werden, der noch nicht einmal Mensch geworden ist?... Mensch, du bist ein Werk Gottes. Erwarte also die Hand deines Künstlers, die alles zur rechten Zeit macht;

zur rechten Zeit für dich, der du gemacht wirst! Bring ihm ein weiches, williges Herz entgegen und bewahre die Gestalt, die dir der Künstler gegeben, und halte dich formbar, damit du nicht verhärtest und die Spur seiner Finger verlierst! Wenn du den Abdruck seiner Finger in dir bewahrst, wirst du zur Vollkommenheit emporsteigen. Die Kunst Gottes gestaltet den Lehm, der du bist. Nachdem er dich aus dem Stoff geformt hat, wird er dich schmücken von innen und außen mit reinem Gold und Silber. So sehr wird er dich schön machen, daß am Ende er selbst [der König] nach dir verlangt. Wenn du dich aber verhärtest, die Spuren seiner Kunst in dir verwischest und undankbar gegen ihn wirst, weil du nur ein [hinfälliger] Mensch geworden bist, so hast du durch deine Undankbarkeit gegen Gott mit einem Schlag seine Kunst an dir und dein Leben verloren. Das Erschaffen kommt der Güte Gottes zu. Erschaffenwerden ist aber das Wesen der menschlichen Natur» [IV 39; 2].

Der Mensch, so wie ihn Gott sich vorgestellt hat, existiert nach Eirenaios heute noch nicht. *Die Schöpfung ist noch nicht zu Ende.* Sie erreicht ihre endgültige Vollendung erst, indem der Mensch den ihm zugedachten Wesensraum, den Himmel, betritt. Diese Schöpfungsauffassung las Eirenaios aus dem biblischen Bericht heraus: Der Mensch ist erschaffen «nach dem Bild Gottes» und auf die «Gleichgestalt [homoiosis] von Gott» hin. Die Menschengeschichte ist ein einziger Aufstieg [heute würden wir «Evolution» sagen] von einem ursprünglichen Seinsbestand her – unter Gottes Führung und Gestaltung – auf den Endpunkt [Teilhard de Chardin würde ihn als «Punkt Omega» bezeichnen], auf die Vergöttlichung in Gott zu. «Durch solche Ordnung, Harmonie und Führung wird der [keimhaft – als Bild Gottes] ins Dasein gesetzte Mensch zum Gleichnis des Unerschaffenen, indem nämlich der Vater sein Dasein will und beschließt, der Sohn an ihm wirkt und ihn bildet, der Geist ihm Nahrung und Wachstum gewährt. So kommt der Mensch allmählich vorwärts und steigt zur Vollkommenheit empor, gelangt in die Nähe des Unerschaffenen. Der Mensch mußte zuerst ins Dasein gesetzt werden, dann wachsen, erstarken, sich vervielfältigen und innerlich entfalten, um schließlich in der Anschauung Gottes verherrlicht zu werden. Die Anschauung Gottes ist unser Ziel und zugleich der Grund unserer Unvergänglichkeit. Diese besteht in der Nähe zu Gott» [IV 38; 3].

Diese konkrete Struktur menschlicher Entfaltung ist die uns zugewandte Seite der göttlichen Schöpfertätigkeit. Diese bedeutet also kein gewaltsames Hineinstoßen der Dinge in eine fertige Gestalt, sondern ein aufsteigendes Entstehenlassen menschlichen Wesens aus dem Schoße des Weltseins. *Der Mensch ist noch nicht vollendet.* Er ist wesenhaft ein werdendes Wesen, das erst als Himmel vollendet wird durch die absolute Nähe Gottes.

Mit diesem Gedanken hat sich Eirenaios kühn in die äußersten Gefahrenzonen menschlichen Denkens begeben, um das Menschsein in seiner ganzen Spannung zu erfassen. Wie könnten wir die Größe dieses Abenteuers des Geistes verkennen!? Daß diese ganze Zusammenschau, diese schöpferische Synthese – ohne Vorbild und ohne irgendeinen Ansatz in der vorhergehenden Theologie, rein dem Genius von Eirenaios entsprungen – zwischen Heilsgeschichte und Schöpfung, zwischen Erschaffung des Menschen, seiner Entfaltung, seiner oft so dunklen Geschichte und seiner absoluten Zukunft in aller Red-

lichkeit versucht wurde, darin besteht die einmalige und geistesgeschichtlich entscheidende Leistung dieses in seinem Optimismus unerschütterlichen Theologen des zweiten Jahrhunderts. Im Ansatz finde ich hier jene Schau der Welt, die später etwa durch Bergson, Blondel und Teilhard de Chardin weiterentwickelt wurde.
Im Geschichtsbewußtsein von Eirenaios gibt es keine Trennung zwischen Weltwirklichkeit und der Sphäre des Christlichen. Die Welt selbst ist für ihn in *ständiger Umwandlung*. Sie wird, indem sie zu Menschen aufsteigt, hineinintegriert in den Heilsplan Gottes. Vielleicht das Bedeutendste von alldem ist: Wir haben hier einen Mann vor uns, der – vielleicht zum erstenmal – die Welt und die Natur in christlicher Ergriffenheit schauen und erleben konnte, der einfach nicht zu trennen vermochte zwischen Glauben und Welterfahrung, zwischen Anbetung und Leben. Einen Menschen, für den alles heilig und nichts unheilig war in der Welt, der sich weigerte, irgendeinen Teil der Wirklichkeit von seiner christlichen Sympathie auszuschließen, der in der Welt und in der Menschheit einen «Gegenstand» der unendlichen Liebe Gottes sah, eines Gottes, dessen Freude in der Lebendigkeit seiner Schöpfung besteht.
Es gehören Mut und Seelengröße dazu, vom Menschen so zu denken, im eigenen Herzen einer *alles überwindenden Hoffnung* Raum zu geben; entschlossen zu sein, zu glauben, daß unsere oft so dunkle Welt, unsere Erfahrungen, all das, was sich mit uns ereignet und was uns widerfährt, nicht «gottfremd» ist; daß im Sein der Welt ein geheimnisvoller Sinn waltet, eine Dynamik, die in die Vollendung weist.
Wie aber ist die Erfahrung des Bösen in ein solches Welt-

bild hineinzuintegrieren? Unsere Erfahrung zeigt ja ein doppeltes Gesicht. Einerseits: Das Böse existiert; wir erfahren es vor allem als Leid und in seiner das Dasein zerstörenden Wirklichkeit, als Tod. Anderseits: Gott ist die absolute Güte. Er ist Schöpfer des Universums, und seine Liebe hat nur ein einziges Ziel: Den Menschen in die Unzerstörbarkeit ewigen Lebens hineinzuführen. «Gloria Dei vivens homo» [Gottes Ruhm ist der lebendige Mensch] [IV 20; 7]. Eirenaios gab selbst *dem menschlichen Tod* eine tröstliche Auslegung. Tod entstand in biblischer Sicht, indem Gott den Menschen vom Baum des immerwährenden Lebens entfernte, ihn aus dem Paradies vertrieb. Diese Austreibung des Menschen aus dem Paradies, aus dem Seinsgefüge der Lebendigkeit und Unsterblichkeit, war für Eirenaios keine Strafe, sondern eine Tat der erbarmungsvollen Hinneigung Gottes zum gefallenen Geschöpf. Ich möchte nun diese entscheidende Stelle bei Eirenaios ganz genau anführen:

«Gott... entfernte den Menschen aus Erbarmen vom Baum des Lebens..., damit der Mensch nicht für immer Sünder bleibe und die Sünde nicht unsterblich sei und das Übel nicht unendlich und unheilbar. Deshalb setzte er der Übertretung einen Damm, indem er den Tod [zwischen sich und den Menschen] legte. Er setzte somit der Sünde ein Ende durch die Auflösung des Fleisches in der Erde, damit der Mensch endlich aufhöre, sündig zu sein, und sterbend anfange, für Gott zu leben» [III 23; 6].

Dies ist ein unerhörter Ansatz biblischer Theologie. Er wurde selbst von den neuesten Denkern unserer Glaubenslehre noch nicht ganz ausgewertet, geschweige denn weitergeführt. Mit diesem Gedanken hat Eirenaios eine neue Möglichkeit der Deutung menschlichen Todes und des Leides überhaupt geschaffen, eines Verständnisses unserer Hinfälligkeit als Ausdruck vom Erlösungswillen Gottes. Hinter diesem Gedanken, wie überhaupt hinter der ganzen Seinsauffassung von Eirenaios, steht das Bild eines über alles Böse herrschenden, großen und gütigen Gottes.

«Gott hört niemals auf, wohlzutun und den Menschen zu bereichern... Der Mensch ist ein Gefäß der Güte Gottes, ein Werkzeug der Verherrlichung.» «Gott spendet Wohltaten. Der Mensch empfängt sie... Deshalb schreitet der Mensch, der in Gott verbleibt, immer weiter voran zu Gott... Gott versprach dem Menschen, ihm immer mehr zu schenken. Er sagte: ‹Geh' ein in die Freude deines Herrn›» [IV 11; 2]. Dieses Bild Gottes ist *ein Sieg hoffnungserfüllten Denkens*. Dem Wohlwollen Gottes kann sich der Mensch nirgends, in keinem Bereich seines Daseins, nicht in seinem Glück und nicht in seinem Leid, entziehen: «Niemals wird Adam aus den Händen Gottes entrinnen können» [V 1; 3]. Bildlich ausgedrückt: Es gibt keine «zwei Hände» Gottes; die eine, die segnet, und die andere, die straft. Gottes Berührung ist immer gütig und schöpferisch: «Es gibt keine ‹andere Hand› Gottes zu suchen als die, welche von Anfang an bis zum Ende uns bildet, uns dem Leben anpaßt, ihrem Geschöpfe beisteht und es [am Ende] ... zum Gleichnis Gottes vollendet» [V 16; 1].

Ist aber menschliche Geschichte Vorbereitung und Vollzug der Vergöttlichung, so muß sie auch Vorbereitung und Vollzug der Gottesschau sein: «Durch vielerlei Bemühungen machte sich Gott für den Menschen sichtbar, damit der Mensch nicht von ihm abfalle und nicht aufhöre zu sein... Das Leben des Menschen ist die Anschauung Gottes» [IV 20; 7]. Damit aber der Mensch einen Raum des Voranschreitens für sich habe, bewahrt Gott seine Unsichtbarkeit. *Die seinsbegründende Spannung nach einem immer größeren Gott* darf im Menschen nicht erlahmen, sonst würde die Spannung zum Leben verlorengehen.

«Gott bewahrt seine Unsichtbarkeit, damit der Mensch ihn nicht als zu klein empfinde und nicht aufhöre, nach ihm vorwärts zu streben.» *Deshalb offenbart Gott seine Geheimnisse nur allmählich,* nach und nach, und führt den Menschen nur schrittweise in sein eigenes Leben ein. Somit gibt es – nach Eirenaios – auch für unsere Gotteserkenntnis eine echte, vom Unvollkommenen zum Vollendeten voranschreitende Geschichte. Alles soll in rechter Ordnung, nicht zu früh und nicht zu spät, im richtigen Zusammenhang der Aufnahme- und Erlebnisfähigkeit des Menschen geschehen: «Von Anfang an sprach Gott durch den Sohn von sich selbst... Er hat aber alles der Menschengeschichte angepaßt und mit dem Menschen in Zusammenhang gebracht. Wo Zusammenhang ist, da ist auch Beständigkeit, wo Beständigkeit, da geschieht alles zur rechten Zeit. Und so traf Gott zum Nutzen des Menschen seine Anordnungen und verteilte seine Gnade, indem er sich dem Menschen nach und nach offenbarte» [IV 20; 7].

Wie ist aber die Führung dieses guten Gottes? Die Pädagogik der Gotteserkenntnis, dieses «*Immer-mehr-Offenbaren*» *Gottes,* wird niemals aufhören, nicht einmal im Himmel. Der Mensch wird immer derjenige bleiben, der in Gott hinein voranschreitet, immer mehr von Gott empfängt. Gottes Unermeßlichkeit kann durch keine geschöpfliche Aufnahmebereitschaft voll ausgeschöpft werden.

Deshalb bleibt Gott für den Menschen immer der Größere. Dies aber nicht nur in dieser Welt, sondern auch in der zukünftigen, im Himmel. Unsere Vollendung im verklärten Seinsbereich des Himmels wird in einem immer wachsenden Hineinschreiten in Gott, in die Dimensionen der Vollendung bestehen.

«So gehört es sich: Gott muß über alles hinaus der Größere bleiben. Nicht nur in dieser, sondern auch in der künftigen Welt. Gott bleibt immer derjenige, der sich mitteilt, und der Mensch immer derjenige, der empfängt. Sagt doch der Apostel, daß, wenn alles übrige untergeht, drei Dinge noch verharren: Glaube, Hoffnung und Liebe. Denn: Unerschütterlich bleibt unser Hinstreben zu unserem Lehrer hin... Immerdar, in Ewigkeit dürfen wir darauf hoffen, etwas mehr von Gott geschenkt zu erhalten, von ihm zu lernen, weil Gott der Gute ist und unerschöpflichen Reichtum besitzt, eine Herrschaft ohne Ende und Unbegrenztes, das er uns mitteilen kann» [II 28; 3].

Ich bin der Ansicht, daß diese Schau der Welt, diese denkerische Tat eines hoffenden Herzens nicht mehr rückgängig gemacht werden kann. Mit Eirenaios ist im christlichen Denken eine mächtige Bewegung der Hoffnung aufgebrochen. *Er hat das christliche Dasein aus dem toten Winkel der Verzweiflung herausgerissen.* Er hat für die Zukunft gedacht, Trennungswände, die von Pessimismus und Kleingläubigkeit aufgerichtet wurden, hat er niedergerissen. Auf solch denkerischer Grundlage läßt sich gläubiges Dasein, selbst in einer Welt der vorläufigen Finsternis und scheinbaren Gottverlassenheit, aufbauen. Die Zuversicht von Eirenaios befreit den Menschen zu größerem Tun. Die Umwandlung des Weltbildes, die sich bei ihm anzeigt, wird für die Zukunft des Christentums entscheidende und weitreichende Folgen haben. Sie betrifft den ganzen Menschen in seinem Seins- und Weltverständnis, weil sie den Menschen und die Welt von der Erlösung her begreiflich macht. Von woher schöpfte aber Eirenaios seine Zuversicht?

Es war – so glaube ich – *seine Christusbegegnung*, die ihm Mut und Hoffnung gab, die dunkle Geschichte der Menschheit vom Licht Gottes her zu deuten: Gott ist unter uns erschienen in *Gestalt eines Kindes*. Dies war für Eirenaios ein Ereignis von symbolhafter Bedeutung. Gott, der mit uns zum Kinde wird, ist der Grund und der Ursprung unserer Hoffnung. Das «Mit-uns-zum-Kinde-Werden» [coinfantiatio, syneipaisis] Gottes soll für alle Zeiten als Grundlage der Deutung menschlicher Geschichte werden.

«Das Wort Gottes wurde mit uns zum Kinde. Gott war vollkommen. Nicht also seinetwegen erschien er als Kind unter uns, sondern um des Kindheitszustandes des Menschen willen. Er hat sich für uns begreifbar gemacht, wie eben wir ihn begreifen konnten» [IV 38; 2]. «Gott war imstande, dem Menschen die Vollkommenheit von Anfang an zu gewähren. Der Mensch war aber unfähig, sie aufzunehmen. Denn: Er war noch ein Kind... Gott hätte in seiner unaussprechbaren Herrlichkeit zu uns kommen können. Wir aber waren nicht fähig, die Größe der Herrlichkeit zu ertragen» [IV 38; 1]. Gott wollte den Menschen lehren, «seinen Geist zu ertragen, die Gemeinschaft mit Gott auszuhalten» [IV 14; 2]. So kam Christus zu uns, um uns – wie Erwachsene Kinder umhegen – «in den Schoß des Vaters zu sammeln» [V 2; 1]. Dadurch ereignete sich in Christus die «Vereinigung des Menschen mit dem Wohlgefallen Gottes» [IV 20; 4]. In Christus wurde der Mensch fähig, «Gott in sich aufzunehmen; zugleich hat sich in ihm Gott daran gewöhnt, im Menschen zu wohnen» [III 20; 3]. «So näherte sich Gott dem Menschen... Es mußte einer kommen, ein Mittler zwischen Gott und Mensch, der mit den beiden verwandt war und so beide in Freundschaft und Eintracht zusammenführen konnte. Einer, der fähig war, die Menschen Gott nahezubringen, sie mit Gott bekannt zu machen» [III 18; 7]. Auch Gott mußte sich – nach Eirenaios – an die Menschen gewöhnen: «Gott ist zum Menschensohn geworden. So gewöhnte er sich, im Menschengeschlechte zu wohnen, im Menschen zu ruhen, Wohnung zu nehmen in seinem Geschöpf» [III 17; 1]. Mit Christi Tat der «Kindwerdung-mit-uns» wird die Geschichte unserer Vorläufigkeit abgeschlossen und das Leben in der Herrlichkeit eröffnet: «Der Sohn, das eingeborene Wort, stieg hinab in das Geschöpf, in sein Gebilde, und wurde von ihm aufgenommen. Das Geschöpf nahm das Wort auf, stieg zu ihm hinauf, erhob sich über die Engel. So wurde das Geschöpf zum Bild und zum Gleichnis Gottes» [V 36; 3].

Einst wird sich der ewige Sabbat einstellen. Der Mensch wird in die Ruhetiefe der Gottheit hineingenommen und gelangt zu seiner endgültigen Lebendigkeit. Der siebente Tag der Schöpfung bricht an: «Am siebenten Tag, dem geheiligten, an dem Gott von allen seinen Werken, die er gemacht, ruht... an dem kein irdisches Werk mehr verrichtet wird, da sitzt das Geschöpf am Tische, den Gott ihm bereitet hat» [V 33; 2].

In einem Satz: *Das Weltall ist ein Gefäß und Wohnsitz des göttlichen Seins.*

Christus ist das «Herz» der Schöpfung. Er durchwirkt

mit seiner Dynamik alle Zeiten und Räume. Das ist die Antwort eines Liebenden. Eines Menschen, der gelernt hat, Gott überall zu finden, auch im abwegigen Leid und in tiefster Not menschlicher Existenz. Der Mensch – und nicht nur der heutige – leidet unter dem Eindruck der Abwesenheit Gottes. Er sieht oft keinen Zusammenhang zwischen seiner Lebenserfahrung und seinem Christusglauben. Diesem Menschen sagte Eirenaios von Lyon in der heiligen Unbekümmertheit seiner Hoffnung: Gott ist nah; er ist der unendliche Zuschuß und Vorschuß allen Lebens in der Welt. Alles, was zu Gott hinaufsteigt, ja alles, was an Leben überhaupt zunimmt, konvergiert zu einer Vollendung. Dadurch, in dieser Sicht, bricht in der massiven Wirklichkeit des Alltags eine neue Tiefe auf. Die Welt – um uns herum und in uns – wird zu einem «heiligen Ort». Gott verdichtet sich in unserem Dasein zu einem Drang ins Unendliche. Das ist die Vision von einer nicht abgeschlossenen Welt, einem offenen, auf eine ewige Vollendung hin aufgebrochenen Universum, das sich in uns Menschen in einen Himmel umwandelt. Wir leben in einer Welt, die dazu bestimmt ist, auf Gott hin durchsichtig zu werden.

RATLOSIGKEIT

Nietzsche

Mit Redlichkeit und Geduld ist aber noch längst nicht jene Haltung erfaßt, mit der ich in meiner denkerischen Existenz der Wirklichkeit gegenüberstehe. Etwas sehr Wichtiges kommt noch hinzu: Die Ratlosigkeit. In der letzten Zeit versuche ich mich in meine Vergangenheit zurückzuversetzen, so weit ich nur kann. Seltsamerweise sind es gerade die Kindheitserinnerungen, die meine innere Daseinslandschaft immer mehr beleuchten. Sie werden bei den verschiedensten Anlässen auch ungewollt in meiner Seele wach. Dazu kommt gleich die Sehnsucht, sie aufzudecken, sie zu schauen, und die wunderliche Lust, sie mir selbst neu zu erzählen. Wie die funkelnden Glasfenster der gotischen Kathedrale durchblinzeln sie den steinharten Stoff meiner gegenwärtigen Existenz und schaffen aus ihm ein gleichsam aus Lichtpunkten gebildetes Geheimnis.

So weit ich zurückdenken kann, war meine Haltung zur Welt und zu den Menschen von einer *fast unüberwindbaren Unschlüssigkeit* bestimmt. Diese steigerte sich in mir gelegentlich zur Verwirrung. Eine seltsame Ratlosigkeit begleitete meine Erlebnisse und äußerte sich im denkerischen Bereich als das «Zugleich» meines geistigen Suchens. Daß in unserem Leben Gegensätzliches und Getrenntes – Liebe und Haß, Freude und Trauer, Gesegnetwerden und Verfluchtsein, Lebendigkeit und Tod, Entschlossenheit und Ungewißheit und anderes mehr – so nahe, so unauflöslich verbunden «nebeneinander» existieren, dieses Erlebnis streckte mein Dasein nur zu oft zu Boden. Aus dieser Perspektive betrachtete ich immer schon die verschiedenen Ereignisse meines Lebens.

Dabei war mir auch das große «Zugleich» Luthers [«Simul iustus et peccator» : Gerechter und Sünder zugleich] grundsätzlich nicht fremd. Hand in Hand mit diesem Erlebnis ging in meinem Leben eine große *Vereinsamung* vor sich gegenüber der sich immer mehr entfremdenden und dennoch ständig näher rückenden Welt. Zwar kann ich heute all diese Gegensätze durch die Anwendung des Prinzips der Analogie [«In tanta similitudine maior dissimilitudo»], durch jene Lehre, die besagt, daß in jedem Ähnlichen eine noch größere Unähnlichkeit aufbricht, logisch einwandfrei bewältigen. Nicht aber in jenem existentiellen Bereich, wo sich ganzheitliches Denken vollzieht, im Herzen.

Dort blieben die Unauflöslichkeiten bestehen und mußten – müssen heute noch, mehr denn je – in immer größer werdenden Überwindungen *ertragen und ausgetragen werden.* Was wollte ich mit einer solchen – manche würden vielleicht sagen: unglücklichen – Veranlagung überhaupt anfangen im Bereich der denkerischen Sinnsuche? Heute muß ich mir ehrlich eingestehen: Nichts, rein gar nichts! Einerseits wollte ich die Welt nie «verbessern» oder andere belehren. Anderseits war – seit meinem denkerischen Ursprung – kein «Um-zu» da, sondern nur ein eigentümliches «Denken-müssen», verbunden vielleicht mit der Neugier, herauszufinden, wieviel der Mensch an Wahrheit ertragen kann.

Dabei ging es mir nie – von einzelnen kläglichen Versuchen abgesehen – um ein System der Wahrheit, ja vielleicht nicht einmal um die «Wahrheit überhaupt», sondern um etwas grundsätzlich Verschiedenes: Um das *Wahrsein und Wahrbleiben,* um das Sich-Auswahrheiten meines eigenen Lebens. Erst jetzt wurde mir klar, wieviel Individualisierung, Subjektivität und Gefährdung der eigenen und auch der fremden Existenz eine solche Einstellung zum Denken in sich trägt.

Auch muß ich zugeben, daß die genannten Erfahrungen – sowohl das «zu Boden-gestreckt-werden» als auch die Suche nach dem «Sich-Auswahrheiten» – nicht nur enge, sondern auch *beengende Perspektiven* sind. Und doch waren es gerade sie, die mich zu den anderen Menschen, zu den Meistern des Denkens führten, in der Haltung der Begegnungsbereitschaft und des Suchens nach Rat in innerer Not. Deshalb entstand mein Denken in der Begegnung.

Auf dieser Suche nach Rat war mir seltsamerweise ein Text von *Friedrich Nietzsche* von entscheidender Wichtigkeit. «Ich lehre euch den Übermenschen. Der Mensch ist etwas, das überwunden werden soll. Was habt ihr getan, ihn zu überwinden?... Der Übermensch ist der Sinn der Erde. Euer Wille sage: der Übermensch sei der Sinn der Erde. Ich beschwöre euch, meine Brüder, bleibt der Erde treu» [*Also sprach Zarathustra.* Ein Buch für alle und keinen. Kröner, Leipzig 1930, S. 8–9; im folgenden nur als Z. zitiert]. So rief Friedrich Nietzsche in seinem vielleicht bedeutendsten Werk fordernd aus. Ich war immer schon sehr vorsichtig, diese Sätze Nietzsches als hochmütige Spekulation abzutun. Viele Christen, darunter Pierre Teilhard de Chardin, haben eindringlich und im christlichen Sinn von einem «Übermenschen» gesprochen. Auch hat mich die Tatsache nicht beeindruckt, daß die

nationalsozialistische Ideologie sich oberflächlich dieses Begriffs bemächtigt hat. Nietzsche hat mit ihr sicherlich nichts zu tun. Ich versuche aber tiefer in die Gedankenwelt Nietzsches einzudringen und seiner philosophischen Haltung näherzukommen. Selten hat ein Denker so selbstbezogen philosophiert wie er. Die emphatische Subjektivität seiner Behauptungen und Prognosen erinnert mich an die von Religionsstiftern und Propheten.
Ich weiß genau, wie schwer Nietzsche menschlich belastet war. Und auch: Daß man ihm daraus keinen Vorwurf machen kann. Nietzsche war noch nicht fünf Jahre alt, als er seinen Vater verlor. Fortan wuchs er in einer ausschließlich von Frauen beherrschten häuslichen Welt auf: Großmutter, zwei Tanten, die junge Mutter und die Schwester beherrschten das Klima. Nietzsches Elternhaus war ein Hort protestantischer Frömmigkeit, durch Generationen dem lutherischen Glauben verbunden: geachtet, gottesfürchtig, rechtschaffen und provinziell. Es verkörperte alle Tugenden und Überzeugungen des *deutschen protestantischen Pfarrhauses*. Ich möchte hier die Lebensgeschichte Nietzsches nicht in Einzelheiten aufführen. Sie ist bekannt oder in guten Biographien leicht nachzulesen.
Nur eines möchte ich hier erwähnen: Seine *enge Beziehung mit der Schweiz*. Im Februar 1869 erfolgte die offizielle Berufung nach Basel, noch bevor er die Doktorpromotion hinter sich hatte. Er war damals 25 Jahre alt. Ein Jahr später wurde die außerordentliche Professur in ein Ordinariat der klassischen Philologie verwandelt. Mitte seiner Zwanzigerjahre hatte Nietzsche nahezu alles erreicht, was im Verlauf einer akademischen Karriere erstrebenswert sein mag: Er war ein junger Gelehrter, dessen Wort und Urteil

man ernst nahm, hatte gute Schüler, denen er ein leidlich guter Lehrer war, er hatte früher als andere das Ordinariat und damit die oberste Stufe der Laufbahn erreicht, er konnte ein weitgehend unabhängiges Leben führen und hatte wirkliche Freunde.

Nach zehn Jahren gab er die Professur in Basel auf und übersiedelte bald nach *Sils-Maria.* Dort lebte er allein, abgeschieden. Da, im Oberengadin, verspürte er zum erstenmal etwas Erleichterung. «Vielleicht ist doch St. Moritz das Rechte. Mir ist, als wäre ich im Lande der Verheißung... Zum ersten Male Gefühle der Erleichterung... Es tut gut. Hier will ich lange bleiben.» Hier ergriff ihn eine seltsame Hochstimmung, die jedoch starken Schwankungen ausgesetzt war. Doch war er auf bisher unbekannte Weise glücklich in Sils-Maria. Er entdeckte die ersten Gedanken zu seinem Zarathustra. Wir wissen nicht, was Nietzsches hier zum erstenmal einsetzende Euphorie ausgelöst hat. Vielleicht genas er ein wenig, vielleicht änderte sich seine Krankheit. Sicherlich hatte der Zauber von Sils an dieser Hochstimmung mitgewirkt. Er bewohnte als Einsiedler ein rückwärtiges Zimmer in einem kleinen, ein wenig von der Straße abgelegenen Haus zum Wald hin, schattig und vor hellem Licht, das seine Augen so schlecht vertrugen, geschützt.

Hier führte er das Leben eines Denkers: Ruhig, am See und im Bergwald wandernd, seinen Gedanken nachgehend, fleißig lesend und schreibend, abgeschlossen und zurückgezogen. Es formte sich *das Bild des einsamen Nietzsche,* wie es uns so oft überliefert wurde. Alle diese Umstände schlossen sich zusammen zu einer seltsamen Stimmung: «An meinem Horizonte sind Gedanken aufgestiegen, dergleichen ich noch nicht gesehen habe... Ich werde wohl einige Jahre noch leben müssen.» Er wird zwar noch zwanzig Jahre leben, die Hälfte davon aber in geistiger Umnachtung, von der Mutter und nach deren Tod von der Schwester umsorgt.

Am 3. Januar 1889 erfolgte in Turin auf der Piazza Carlo Alberto ein geistiger Zusammenbruch. Wenige Tage später holte ihn ein Freund ab und brachte den Kranken in die Basler Nervenklinik. Die Basler Diagnose lautete: Paralysis progressiva. Mitte Januar holte ihn die Mutter ab und brachte ihn nach Jena, wo Nietzsche in der Klinik von Professor Binswanger Aufnahme fand. Nietzsches *Umnachtung* dauerte länger als ein Jahrzehnt. Nach dem Tod der Mutter, 1897, übernahm die Schwester die Pflege. Sie hatte mit Nietzsche ein Haus in Weimar bezogen, in dem sie nicht nur den geisteskranken Bruder hütete, sondern auch dessen Bücher, Manuskripte und Notizen sammelte. Bald entstand ein Nietzsche-Kult, von dem er selber aber nichts mehr wußte. Er starb am 25. August 1900 und wurde auf dem Friedhof zu Röcken neben seinem Vater begraben.

Viele Einzelheiten mußte ich bei dieser kurzen Schilderung auslassen. Es waren vor allem die vielseitigen, teils tragischen Freundschaften, die für die Deutung von Nietzsches Leben so bedeutsam wären. Auch die verschiedenen Reisen, vor allem in Italien, habe ich nicht erwähnt. Statt dessen möchte ich einen Teil aus dem vierten Abschnitt von Nietzsches bedeutsamstem Buch interpretieren: Also sprach Zarathustra, Vierter Teil, Der Zauberer. Es ist wohl eine Zumutung, diesen relativ kurzen Text als Grundlage der Deutung von Nietzsches Werk zu nehmen. Meine Entschuldigung besteht einfach darin, daß ich gar nicht Nietzsches Werk deuten, sondern nur darstellen möchte, welchen Einfluß gerade dieser Text auf meine denkerische Entwicklung hatte. Das gesamte Buch entstand in vier Anläufen. Die ersten drei Teile verfaßte Nietzsche im Verlaufe eines Jahres. Sie wurden mit überraschender Plötzlichkeit der Eingebung hingeschrieben. Bei jedem Teil sind kaum mehr als zehn Tage für die eigentliche Arbeit, das heißt für die Niederschrift, zu rechnen: 1. Teil: Februar 1883 in Rapallo; 2. Teil: Juni 1883 in Sils-Maria; 3. Teil: Januar 1884 in Nizza. Der 4. Teil ist merklich verschieden von den vorangehenden und ist mit Unterbrechungen vom Herbst 1884 bis Februar 1885 niedergeschrieben. Das für mich in Frage kommende Stück beginnt zunächst mit einem Bericht. Zarathustra wandelt allein in einer Berglandschaft. Als er um einen Felsen herumbiegt, da sieht er, wie ein Mensch, nicht weit unter ihm, auf der Erde liegt. Nietzsche berichtet: «Als er aber hinzulief, an die Stelle, wo der Mensch auf dem Boden lag, fand er einen zitternden alten Mann mit stieren Augen; und wie sehr sich Zarathustra mühte, daß er ihn aufrichte und wieder auf die Beine stelle, es war umsonst. Auch schien der Unglückliche nicht zu merken, daß jemand um ihn sei; vielmehr sah er sich immer mit rührenden Gebärden um, wie ein von aller Welt Verlassener und Vereinsamter. Zuletzt aber, nach vielem Zittern, Zucken und Sich-Zusammenkrümmen, begann er also zu jammern» [Z. 277f.]. Hier entwirft Nietzsche die Grundsituation menschlichen Lebens: Der Mensch ist ein *Verlassener und Vereinsamter*. Diese vermeintliche Situation entlockt ihm die Sprache, die aber im Grunde keine Sprache, sondern ein Jammern ist. Der Ausdruck «Jammern» ist hier wohl als ein Sprechen gemeint, da der Mensch nicht sicher ist, ob ihm jemand zuhört. Vielleicht wird damit

Teilhard de Chardin Werke bei Walter

Das göttliche Milieu

(Le Milieu Divin). Ein Entwurf des Innern Lebens. (Neuübersetzte Ausgabe; früher u. d. T. «Der Göttliche Bereich».) Übersetzt von Karl Schmitz-Moormann, 208 Seiten. Leinen DM 22,– Fr. 26.– (Band 2 der Werkausgabe)

Inhalt: *Die Vergöttlichung des Tuns:* Das christliche Problem der Heiligung des Tuns · Eine unvollständige Lösung: Die Heiligung durch die bloße Absicht · Die endgültige Lösung: Die Vollendung der Welt «in Christo Jesu» · Die Kommunion durch das Tun · Die christliche Vollendung des menschlichen Bemühens · Die Loslösung durch das Tun · *Die Vergöttlichung des Erleidens:* Ausdehnung, Tiefe und verschiedene Formen des menschlichen Erleidens · Die Passivitäten des Wachsens und die beiden Hände Gottes · Die Passivitäten der Minderung · *Einige Gesamtdurchblicke zur christlichen Askese:* Bindung und Loslösung · Der Sinn des Kreuzes · Die geistige Potenz der Materie · *Das göttliche Milieu:* Die Attribute des göttlichen Milieus · Die Natur des göttlichen Milieus · Der Christus universalis und die große Kommunion · Das Anwachsen des göttlichen Milieus · *Die Erwartung der Parusie*

Das Auftreten des Menschen

(L'Apparition de l'Homme). Übersetzt von Lorenz Häflinger und Karl Schmitz-Moormann. Vorwort von N. M. Wildiers. 364 Seiten. Leinen DM 28,– Fr. 33.– (Band 3 der Werkausgabe). Ungekürzte Studienausgabe in Kunststoffeinband DM 12,– Fr. 14.–

Inhalt: Die Vorgeschichte und ihre Fortschritte (1913) · Die fossilen Menschen (1921) · Die Paläontologie und das Auftreten des Menschen (1923) · Der Sinanthropus pekinensis (1930) · Die prähistorischen Ausgrabungen von Peking (1934) · Die Fauna des Pleistozäns und das Alter des Menschen in Nordamerika (1935) · Die Entdeckung des Sinanthropus (1934) · Die Frage des fossilen Menschen (1943) · Die Australopithecinen und das fehlende Glied der Evolution (1950) · Die phyletische Strukur der menschlichen Gruppe (1951) · Kurzer Abriß der südafrikanischen Vorgeschichte (1951) · Australopithecinen, Pithecanthropinen und phyletische Struktur der Homininen (1952) · Bemerkungen über die Australopithecinen (1952) · Über die Wahrscheinlichkeit einer frühzeitigen Gabelung (1953) · Die Forschungen zur Endeckung der menschlichen Ursprünge in Afrika (1954) · Afrika und die menschlichen Ursprünge (1954) · Die Besonderheiten der menschlichen Art (1954)

Die Schau in die Vergangenheit

(La Vision du Passé). Übersetzt von Joseph Bader, Helmuth Stechl und Karl Schmitz-Moormann. 398 Seiten. Leinen DM 29,– Fr. 34.– (Band 4 der Werkausgabe). Ungekürzte Studienausgabe in Kunststoffeinband DM 12,– Fr. 14.–

Inhalt: Wie stellt sich heute die Frage des Transformismus? (1921) · Das

Die lebendige Macht der Evolution

(L'Activation de l'Energie). Übersetzt von Karl Schmitz-Moormann. 285 Seiten. Leinen DM 28,– Fr. 33.– (Band 7 der Werkausgabe)
Inhalt: Die Analyse des Lebens (1945) · Entwurf einer Dialektik des Geistes (1946) · Der Ort der Technik in einer allgemeinen Biologie der Menschheit (1947) · Über die Natur des menschlichen sozialen Phänomens und über seine verborgenen Beziehungen zur Schwerkraft (1948) · Die psychologischen Voraussetzungen der menschlichen Einswerdung (1949) · Ein Phänomen der Konter-Evolution in der Human-Biologie oder die Existenzangst (1949) · Der Sinn für die Art beim Menschen (1949) · Die Evolution der Verantwortung in der Welt (1950) · Um klar zu sehen (1950) · Die Lust am Leben (1950) · Die geistige Energie des Leidens (1951) · Eine geistige Schwelle unter unseren Schritten: Vom Kosmos zur Kosmogenese (1951) · Gedanken über die wissenschaftliche Wahrscheinlichkeit und die religiösen Konsequenzen eines Ultra-Humanums (1951) · Die Konvergenz des Universums (1951) · Transformation und Weiterführungen des Mechanismus der Evolution im Menschen (1951) · Ein entscheidendes Problem für die Anthropologen (1951) · Die Reflexion der Energie (1952) · Gedanken über die menschliche Kompression (1953) · Beim Anblick eines Zyklotrons (1953) · Die Evolutionsenergie (1953) · Der Stoff des Universums (1953) · Die Aktivation der menschlichen Energie (1953) · Todesmauer und Ko-Reflexion (1955)

Wissenschaft und Christus

(Science et Christ). Übersetzt von Karl Schmitz-Moormann. Vorwort von N. M. Wildiers. 296 Seiten. Leinen DM 28,– Fr. 33.– (Band 9 der Werkausgabe)
Inhalt: Woraus besteht der menschliche Körper (1919) · Über den Christus-Universalis (1920) · Wissenschaft und Christus (1921) · Mein Universum (1924) · Das menschliche Phänomen (1928) · Das Christentum in der Welt (1933) · Der moderne Unglaube (1933) · Einige Bemerkungen über die Bekehrung der Welt (1936) · Die Menschheit retten (1936) · Super-Menschheit, Super-Christus, Super-Caritas (1943) · Aktion und Aktivation (1945) · Katholizismus und Wissenschaft (1946) · Über die Grade wissenschaftlicher Gewißheit der Evolutionsidee (1946) · Ökumenismus (1946) · Über den religiösen Wert der Forschung (1947) · Notiz über die biologische Struktur der Menschheit (1948) · Was ist das Leben? (1950) · Kann die bis zu Ende vorangetriebene Biologie uns dahin bringen, in das Transzendente zu emergieren? (1951) · Forschung, Arbeit und Anbetung (1955) · Brief an Emmanuel Mounier (1947)

Mein Glaube

(Comment je crois). Übersetzt von Karl Schmitz-Moormann. Vorwort von N. M. Wildiers. Etwa 300 Seiten. Leinen ca. DM 28,– Fr. 33.– (Band 10 der Werkausgabe)
Inhalt: Über die physische Vereinigung zwischen der Menschheit und den

Gläubigen im Laufe der Heiligung (1919) · Über den Begriff der schöpferischen Transformation (transformatio creatrix) · Über die Weisen des göttlichen Wirkens im Universum (1920) · Sündenfall, Erlösung und Geozentrik (1920) · Über einige mögliche historische Darstellungen der Erbsünde (1922) · Pantheismus und Christentum (1923) · Christologie und Evolution (1933) · Mein Glaube (1934) · Einige allgemeine Ansichten über das Wesen des Christentums (1939) · Christus Evolutor oder eine logische Weiterführung des Begriffs der Erlösung (1942) · Einführung zum christlichen Leben (1944) · Christentum und Evolution (1945) · Gedanken über die Erbsünde (1947) · Das christliche Phänomen (1950) · Monogenismus und Monophyletismus (1950) · Was erwartet die Welt in diesem Augenblick von der Kirche Gottes (1952) · Die Kontingenz des Universums und die menschliche Lust zu überleben (1953) · Die Weiterführung des Problems der menschlichen Ursprünge: Die Vielheit der bewohnten Welten (1953) · Der Gott der Evolution (1953) · Meine Litanei (1953)

Lobgesang des Alls

(Hymne de l'Univers). Übersetzt von Karl Schmitz-Moormann. Einführung von N. M. Wildiers. 92 Seiten. Leinen DM 12,– Fr. 14.– (Geschenkband außerhalb der Werkausgabe)
Inhalt: *Die Messe über die Welt* (1923): Die Opferung · Das Feuer über der Welt · Das Feuer in der Welt · Kommunion · Gebet · *Christus in der Materie* (1916): Drei Geschichten nach Benson · Das Bild · Die Monstranz · Die Pyxis · *Die geistige Potenz der Materie* (1919)

Vom Glück des Daseins

(Sur le Bonheur). Übersetzt und eingeleitet von Karl Schmitz-Moormann. 79 Seiten. Leinen DM 12,– Fr. 14.– (Geschenkband außerhalb der Werkausgabe)
Inhalt: *Gedanken über das Glück* (1943): Die theoretischen Leitlinien des Glücks · Die Grundregeln des Glücks · *Drei Trauungsansprachen:* Trauung von Odette Bacot und Jean Teilhard d'Eyry (1928) · Trauung von Monsieur et Madame de la Goublaye-de Ménorval (1935) · Trauung von Christine Dresch und Claude-Marie Haardt (1948)

Briefe an eine Marxistin

(Accomplir l'homme). Aus dem Französischen von Karl Schmitz-Moormann unter Mitarbeit von Lorenz Häfliger. Mit einem Vorwort von René d'Ouince. 159 Seiten. Leinen DM 15,– Fr. 17.50 (Geschenkband außerhalb der Werkausgabe)

Briefe an eine Nichtchristin

(Accomplir l'homme). Aus dem Englischen übersetzt von Karl Schmitz-Moormann unter Mitarbeit von Lorenz Häfliger. Mit einer Vorbemerkung von René d'Ouince. 141 Seiten. Leinen DM 15,– Fr. 17.50 (Geschenkband außerhalb der Werkausgabe)

Antlitz der Erde (1921) · Über das Gesetz der Irreversibilität in der Evolution (1923) · Die Hominisation (1925) · Das transformistische Paradoxon (1925) · Die Naturgeschichte der Welt (1925) · Über das notwendig diskontinuierliche Erscheinungsbild jeder evolutiven Reihe (1926) · Die Grundlagen und der Kern des Evolutionsgedankens (1926) · Die Bewegungen des Lebens (1928) · Was soll man vom Transformismus halten? (1930) · Das menschliche Phänomen (1930) · Der Ort des Menschen in der Natur (1932) · Die Entdeckung der Vergangenheit (1935) · Die natürlichen menschlichen Einheiten (1939) · Der Ort des Menschen im Universum (1942) · Zoologische Evolution und Erfindung (1947) · Die Schau in die Vergangenheit (1949) · Evolution des Evolutionsgedankens (1950) · Aufzeichnung über die aktuelle Wirklichkeit und die evolutive Bedeutung einer menschlichen Orthogenese (1951) · Hominisation und Speziation (1952) · Eine Verteidigung der Orthogenese im Zusammenhang mit den Speziationsfiguren (1955)

Die Zukunft des Menschen

(L'Avenir de l'Homme). Übersetzt von Lorenz Häfliger und Karl Schmitz-Moormann. Vorwort von N. M. Wildiers. 404 Seiten. Leinen DM 29,– Fr. 34.– (Band 5 der Werkausgabe).
Inhalt: Bemerkung zum Fortschritt (1920) · Soziale Vererbung und Fortschritt (1921) · Die große Entscheidung (1939) · Gedanken über den Fortschritt (1941) · Der neue Geist (1942) · Leben und Planeten (1945) · Die menschliche Planetisation (1945) · Einige Bemerkungen über den geistigen Widerhall der Atombombe (1946) · Der Glaube an den Frieden (1947) · Die Bildung der Noosphäre (1947) · Der Glaube an den Menschen (1947) · Einige Bemerkungen über die Menschenrechte (1947) · Der menschliche Neu-Aufbruch der Evolution und seine Folgen (1947) · Gärung oder Genese? (1947) · Die Richtungen und die Voraussetzungen der Zukunft (1948) · Das Wesen der Idee der Demokratie (1948) · Bewegt sich die Menschheit biologisch in sich selbst oder nicht? (1949) · Der Kern des Problems (1949) · Über die wahrscheinliche Existenz eines «Ultra-Humanen» im uns Vorausliegenden (1950) · Wie können wir uns vorstellen und hoffen, daß sich auf Erden die menschliche Einmütigkeit verwirklicht? (1950) · Vom Prä-Humanen zum Ultra-Humanen (1950) · Das Ende der Art (1952)

Die Menschliche Energie

(L'Energie humaine). Übersetzt von Karl Schmitz-Moormann. Vorwort von N. M. Wildiers. 371 Seiten. Leinen DM 29,– Fr. 34.– (Band 6 der Werkausgabe)
Inhalt: Der Geist der Erde (1931) · Bedeutung und konstruktiver Wert des Leidens (1933) · Skizze eines personalen Universums (1936) · Das geistige Phänomen (1937) · Die menschliche Energie (1937) · Die Mystik der Wissenschaft (1939) · Die Stunde der Entscheidung (1939) · Der Atomismus des Geistes (1941) · Der Aufstieg des Andern (1942) · Universalisation und Vereinigung (1942) · Die Zentrologie (1944)

L'Oeuvre scientifique

Zusammengestellt und herausgegeben von Nicole und Karl Schmitz-Moormann. Mit einem Vorwort von Jean Piveteau. 10 Bände mit insgesamt 4598 Seiten und ein Band mit 39 Karten, davon 24 mehrfarbig. Balacron DM 980,– (Nur geschlossen lieferbar)
Die wissenschaftlichen Schriften Teilhard de Chardins, in den meisten Fällen in Form seltener Monographien oder als Artikel in Spezialzeitschriften erschienen und heute kaum erhältlich, haben Nicole und Karl Schmitz-Moormann zusammengestellt und als Offset-Reprint zugänglich gemacht. Die hier in den Originalsprachen veröffentlichten Texte existieren in keiner europäischen Bibliothek in dieser Vollständigkeit.

Claude Cuénot

Pierre Teilhard de Chardin

Leben und Werk. Aus dem Französischen von Karl Schmitz-Moormann. Mit vollständigem Werkverzeichnis, Abbildungen und Karten. 809 Seiten. Leinen DM 48,– Fr. 56.–. Einmalige Sonderausgabe. Paperback DM 24,80 Fr. 29.–.

Die Werke Teilhards erscheinen unter dem Patronat eines französischen Herausgeberkomitees, das auch die Übersetzung veranlaßt und gutheißt. Die Bandbezeichnung der deutschen Werkausgabe wurde neu festgelegt; sie weicht von der Originalausgabe geringfügig ab. Als Band 1 wäre anzusehen «Le Phénomène humain» (Der Mensch im Kosmos), als Band 8 «Le Groupe zoologique humain» (Die Entstehung des Menschen), beide deutsch bei C.H.Beck, München, erschienen. Die Monographie von Claude Cuénot enthält eine ausführliche Bibliographie der Werke Teilhards. Preise nach dem Stand vom 1. September 1972. Änderungen und Liefermöglichkeit vorbehalten.
Walter-Verlag, Olten und Freiburg im Breisgau

jene Wirklichkeit angedeutet, die Karl Rahner für das Gebet [«Worte ins Schweigen»] gebraucht. Wie lautet dieses Jammern?

«Wer wärmt mich, wer liebt mich noch? Gebt heiße Hände! Gebt Herzens-Kohlenbecken! Hingestreckt, schaudernd, Halbtotem gleich, dem man die Füße wärmt – geschüttelt, ach, von unbekannten Fiebern, zitternd von spitzen, eisigen Frostpfeilen, von dir gejagt, Gedanke! Unnennbarer! Verhüllter! Entsetzlicher! Du Jäger hinter Wolken! Darniedergeblitzt von dir, du höhnisch Auge, das mich aus Dunklem anblickt: – so liege ich, biege mich, winde mich, gequält von allen ewigen Martern, getroffen, von dir, grausamster Jäger, du Unbekannter – Gott» [Z. 278]. Ein höchst bedeutsamer Anfang. Der menschliche Zustand in der Welt wird da von einem Gotteserlebnis her bestimmt. Der Bericht hebt an mit der «*Sehnsucht*». «Wer wärmt mich, wer liebt mich noch? Gebt heiße Hände! Gebt Herzens-Kohlenbekken!»

Der Ausgang des Nachdenkens wird hier etwa auf der gleichen Höhe begonnen wie bei einem Augustinus oder bei einem Blondel. Das «Wer wärmt mich» ist ein Grundruf des Geschöpfes. Dieser Ruf ist ununterdrückbar, steigt aus dem menschlichen Seinsdynamismus auf. Warmsein: Das ist ein Wesensbedürfnis des Geschöpfes. Die Sehnsucht nach «Wärmendem», nach einem Leib, nach einem Anschmiegenden in der Kälte unserer Welt. Dieser Sehnsucht kann niemand ausweichen. Sie vergeistigen und auf eine höhere Ebene heben, das schon; aber Ausweichen gibt es da grundsätzlich nicht.

Der «geisttragende Leib» ist hingestreckt, eisige Frostpfeile treffen ihn. Er ist gejagt vom «Gedanken». Dies ist die andere Seite unserer Sehnsucht: die «*Zurückweisung*». Was ist das doch für ein Leben? Der Mensch ist ausgeliefert der Kälte; zugleich hell lebendig und halb tot. Er ist geschüttelt von Ängsten und Nöten, aber auch von Ahnungen. Ihn jagt «der» Gedanke! Das heißt wohl: Er ist hinausgerissen aus der lebendigen, warmen Nähe des Blutes, aus der tierischen Wärme des Seins ohne Bewußtsein. Man muß ihm die Füße wärmen, diesem geisttragenden Leib. Was verursacht diese ungeheure Spannung in der menschlichen Existenz? Nietzsche versucht, es zu bestimmen.

Es ist etwas, das er zunächst mit vier Bezeichnungen andeutet. Es ist der «*Unbekannte, Verhüllte und Entsetzliche*». Einem jeden, der mit der griechischen Patrologie einigermaßen vertraut ist, wird gleich einleuchten, wer mit dieser allerersten Bezeichnung gemeint sein dürfte: Gott. Wir dürften Gott wirklich nicht verniedlichen! Er ist uns unbekannt, verhüllt und manchmal auch entsetzlich. Sein Geheimnis ist ewig unentschleierbar. Das ist der Grund für unsere Qual auf Erden, aber auch für unsere ewige Seligkeit im Himmel. Er bleibt der ewig unbekannte Gott. Deshalb können wir, auch im Himmel, ewig in ihn hineinschreiten, von ihm immer mehr empfangen – wie Eirenaios von Lyon uns bereits sagte. Er bleibt uns immer verhüllt, gerade indem er sich offenbart. Freilich, der Unterschied zwischen unserem irdischen Dasein und unserem Sein im Himmel ist: Hier ist Gott manchmal wirklich entsetzlich [mit seiner Erhabenheit, Größe, Forderung und Macht]; dort drüben – wie auch immer wir uns den Himmel vorstellen – wird seine Unbekanntheit und Verhülltheit zu einer ständig wachsenden Seligkeit für uns.

Die zweite Bezeichnung für ihn lautet: *der «Jäger»*. Er will keinem Menschen die Ruhe gönnen. Weshalb? Ich glaube, weil er der Gott meines Lebens ist. Er will etwas ungemein Persönliches sagen und es auch von mir fordern. Ich muß herausfinden, wer dieser Gott ist, der Gott meiner Lebenserfahrung – außerhalb von Formulierungen, Begriffen und Systemen. Gerade durch ihre positive Forderung eines wahrhaftigen Menschseins vor Gott ist die christliche Verkündigung ein leidenschaftlicher Protest gegen des Menschen Unwahrhaftigkeit. Protest auch gegen die unwahrhafte Frömmigkeit des Buchstabens, der der erfahrene Gott fehlt. Protest auch gegen alles religiöse Getue, dem die innere Wirklichkeit des Herzens nicht entspricht. Hier wird der Mensch von Gott in seiner ganzen Existenz angesprochen und herausgefordert. Deshalb ist er der «Jäger».

Die dritte Bestimmung Gottes bei Nietzsche ist *das «Auge»*. Ein tiefes Symbol biblischer Spiritualität. «Auge» bedeutet wohl in diesem Zusammenhang, daß Gott mich ständig anblickt, daß ihm nichts in mir entgeht, daß er mich beobachtet, daß nichts in mir ihm fremd sein kann. Der Mensch ist dem Wissen Gottes ausgeliefert. Selbst seine geheimsten Wünsche und Gedanken. Dies zu wissen, danach zu leben und es zu bejahen, kann die höchste Stufe der Heiligkeit sein. Vor ihm sich zu fürchten bedeutet dann, wie es bei Nietzsche steht, daß das Auge Gottes «höhnisch» ist.

Schließlich die vierte Bestimmung Gottes: *das «Dunkle»*. Gott blickt uns aus dem Dunklen an, aus einem Bereich, den wir nie ausforschen können. Ich muß hier mit mir selbst ganz ehrlich sein: Ist das nicht auch meine Gotteserfahrung, oder sollte sie es sein? Jedenfalls erfuhren die

Kirchenväter Gott immer wieder als die Dunkelheit. Unter den «Namen Gottes» ist dieser vielleicht der bezeichnendste und für uns existentiell bedeutendste. Gott lebt «hinter den Wolken». Dies war auch die Erfahrung von Moses, der uns Gott zum erstenmal am eindringlichsten «nahegebracht» hat. Und dies ist auch die Erfahrung von uns allen: Aus dem Dunklen kommt mir Gott entgegen. Seine Dunkelheit bejahen, an ihr sich bescheiden, das kann mein Leben von innen her heilen, ihm Kraft und Mut verleihen.

Weiter heißt es im Bericht: «Triff tiefer! Triff einmal noch! Zerstich, zerbrich dies Herz! Was soll dies Martern mit zähnestumpfen Pfeilen?» – Das Eigenartige an Gottes «Martern» ist, daß es gar nicht einem Absoluten entspricht. Es ist nicht großartig, tödlich, sondern geschieht eben mit «zähnestumpfen Pfeilen». Gott könnte alldem ein Ende machen. Aber er tut es nicht, er trifft nicht tief genug. Dies ist Gottes seltsame Psychologie mit uns: Er läßt uns – wenn ich es einmal so ausdrücken darf – gleichsam «schmoren». Er zerbricht das Herz nicht, sondern quält uns, indem er uns nicht Ruhe gönnt. Gelegentlich hat er es eilig. Aber gewöhnlich läßt er sich viel Zeit. Daran muß sich der Mensch gewöhnen: Die Zeit der Gnade, den «*Kairos*» zu erspüren. Leider gibt sich der Mensch oft nicht soviel Zeit, wie Gott selbst ihm vergönnt.

Der Mensch meint, er müßte alles auf einmal leisten. Darin sehe ich etwas Ungutes: Warum kann der Mensch ein Problem, ja *eine Glaubensentscheidung nicht auf eine Zeit aufschieben?* Selbst wenn es um wesentliche Glaubenswahrheiten geht. Warum lassen wir uns nicht mehr Zeit? Vielleicht ist der Augenblick noch nicht gekommen, um alles auf einmal zu glauben. Gott läßt uns Zeit. Ich halte es durchaus für möglich, daß er nicht alles auf einmal von uns fordert, daß es denkbar ist, einige Fragen beiseite zu schieben. Wohlverstanden: Sie nicht zu leugnen, aber sagen, dazu habe ich noch nicht die Gnade erhalten. Ich gebe mir die Möglichkeit zu reifen, zur Erkenntnis zu gelangen.

Ich muß also wissen, daß Gott viel Zeit hat und nicht alles auf einmal fordert. Es gibt im christlichen Leben verschiedene Zeiten des Glaubensvollzugs. Einmal leuchtet einem diese, ein anderes Mal jene Wahrheit ein. Wir sollen unser Leben als eine Einheit betrachten. Auf diese große Einheit kommt es an. Wenn Gott selbst nicht «tief genug treffen will», dann sollen wir auch *Geduld mit uns selbst haben.* Dies wäre eine wesentliche Voraussetzung der Heiligkeit. Nicht Unglaube, sondern der Weg zu unserer Heiligung. Von diesem Ansatz her ist die Fortsetzung des Berichtes verständlich.

«Was blickst du wieder, der Menschen-Qual nicht müde, mit schadenfrohen Götter-Blitz-Augen? Nicht töten willst du, nur martern, martern? Wozu – mich martern, du schadenfroher, unbekannter Gott? Haha! Du schleichst heran? Bei solcher Mitternacht was willst du? Sprich! Du drängst mich, drückst mich – ha! Schon viel zu nahe! Weg! Weg! Du hörst mich atmen, du behorchst mein Herz, du Eifersüchtiger! – Worauf doch eifersüchtig? Weg! Weg! Wozu die Leiter?» [Z. 279].

Hier wird Gottes Wesen offenbar. Er ist ein eifersüchtiger Gott. Dies ist wieder eine biblische Bestimmung Gottes. Worauf ist er eifersüchtig, und warum? Er will keinen anderen Gott neben sich dulden. Und Gott ist alles, was unser Herz restlos ausfordert. Gott ist uns viel zu nahe. Er hat eine «Leiter», auf der er unmittelbar heruntersteigt in unser Herz. Diese Bilder bedeuten wohl: *Gott ist uns ganz persönlich nahe.* Er ist weder eine Vorstellung noch ein Begriff, sondern eine Person. Eifersüchtig kann nur eine Person sein. Wir sehen, wie für Nietzsche das Bild Gottes mit jedem Gedankenschritt wächst. Mag er in seinem Kopf ein Atheist gewesen sein, in seinem Herzen war er sicherlich ein Christ. Dies deutet die folgende Strophe an.

«Willst du hinein, ins Herz, einsteigen, in meine heimlichsten Gedanken einsteigen? Schamloser! Unbekannter – Dieb! Was willst du dir erstehlen? Was willst du dir erhorchen? Was willst du dir erfoltern, du Folterer! Du – Henker-Gott» [Z. 279].

Wiederum tauchen biblische Begriffe auf. Zuerst: *das «Herz»*. Das Herz ist wohl das Bild für das «Du», für seine Einmaligkeit, ja für die Einmaligkeit des Einmaligen. Der «Ort», wo die konkrete Wirklichkeit des Menschen, seine Leiblichkeit und seine Seele, seine Wünsche und seine Gedanken in einer unlösbaren Einheit zusammengebündelt sind. In diese Einmaligkeit will Gott hinuntersteigen. Und dies kann nur er tun. Er schleicht hinein: er ist *der «Dieb»*. Dieser Text könnte ebensogut in der Bibel stehen, etwa im Buch Job. Ich selber sehe keine Gotteslästerung in ihm, eher den Aufschrei eines gequälten, aber ehrlichen Herzens. Und wessen Herz wäre nicht gequält?

«Oder soll ich, dem Hunde gleich, vor dir mich wälzen? Hingebend, begeistert-außer-mir, dir – Liebe zuwedeln? Umsonst! Stich weiter, grausamster Stachel! Nein, kein Hund – dein Wild nur bin ich, grausamster Jäger! Dein stolzester Gefangener, du Räuber hinter Wolken! Sprich endlich! Was willst du Wegelagerer, von mir? Du Blitz-

Verhüllter! Unbekannter! Sprich, was willst du, unbekannter – Gott?» [Z. 279–280].

Wenn schon der Mensch derart, in solcher existentieller Hingabe, sich auf Gott einläßt, dann ist er *kein «Hund Gottes»*. Gott möchte auch nicht, daß der Mensch, dem Hunde gleich, sich vor ihm wälzt. Gott will ihn gar nicht zahm machen, ihn nicht zähmen. Er ist «kein Hund» vor Gott, sondern «sein Wild», sein «stolzester Gefangener». Daß der Mensch Bild und Gleichnis Gottes ist, das haben wir – so denke ich – noch nicht voll erfaßt.

Ich möchte hier nur *die Freiheit des Menschen* nennen. Der Mensch ist frei. Aber was bedeutet Freiheit? Die Freiheit «consistit in indivisibili», das heißt, entweder ist man frei – oder nicht. Der Unterschied besteht nur darin, wie oft er diese seine Fähigkeit, frei zu sein, ausübt. In letzter Analyse ist Gott nicht «freier» als der Mensch. Wenn der Mensch sich Gott schenkt, so geschieht das in freiester Hingabe, sonst ist es kein Geschenk und auch keine Freundschaft. Um das Herz eines andern freien Wesens muß gekämpft werden. Selbst Gott kann diese Grundgesetzlichkeit des Lebens nicht aufheben. Freundschaft entsteht nicht im «zuwedeln», sondern ist in einem oft harten Kampf geboren. Freilich kann und muß Gott dabei der Sieger bleiben. Er ist ein Wegelagerer und ein Jäger. Wenn wir diesen Aspekt unserer Beziehung zu Gott vernachlässigen, dann haben wir nur einen kleinen und kleinlichen Gott, den es gar nicht gibt.

«Wie? Lösegeld? Was willst du Lösegeld? Verlange viel – das rät mein Stolz! Und rede kurz – das rät mein anderer Stolz! Haha! Mich – willst du? Mich? Mich – ganz?» [Z. 280].

Gott will offenbar *kein Lösegeld*. Er will weder viel verlangen noch lange sprechen. Etwas grundsätzlich anderes möchte er vom Menschen: Ihn selbst. Und zwar: Ihn ganz. Der Begriff «Erlösung» wird hier von Nietzsche grundsätzlich umgedeutet. Gott braucht nichts vom Menschen, keine äußere Leistung, keine Abzahlung der Schuld. Er spricht nicht mit dem Menschenstolz. Viel mehr möchte er haben: Den Menschen selbst, und zwar ganz. Das ist aber jene Ebene, auf der nichts erzwungen werden kann. Das ist *die Ebene der Freundschaft.* Wollen wir die ganze Tragweite dieses Gedankens verstehen, dann müssen wir uns auf unsere menschlichen Erfahrungen stützen, gedanklich nachzeichnen, was sich in der menschlichen Zuneigung ereignen mag, und darin wiederum, was die Freundschaft Gottes in uns erschaffen kann.

In der menschlichen Freundschaft erhalte ich vielleicht nichts Handgreifliches von meinem Du. Ich bekomme das Geschenk, daß ich einem Menschen Du sagen darf. Vorher, vor dieser Freundschaft, war ich kein «Ich». Ich war nur die Rollen, die ich gespielt habe, ja spielen mußte. Seitdem ich aber ein «Du» habe, bin ich ein «Ich». Wir beide sind, indem wir «miteinander sind», ein «Wir» sind. Das Sein des anderen wird in der Freundschaft mein eigenes Sein. Wir sind «Mit-Sein». Dieser Vorgang menschlicher Freundschaft ist ein Gleichnis dafür, was Erlösung bedeutet. Mit Gott in Freundschaft sein heißt demnach, mit ihm in *Seinsaustausch* leben. Das Sein Gottes wird darin unser eigenes Sein. Etwas folgt daraus, das ich fast nicht auszusprechen wage: Ich bin zu Gott geworden. Ich wurde zum Sohn des Vaters, weil Christus der Sohn des Vaters ist. Meine Liebe zu Gott ist die gleiche, mit der Christus selbst den Vater liebt: Der Heilige Geist.

Ich kann dieses Geheimnis der Erlösung, meines Lebens im dreieinigen Gott nicht durchdringen. Eine schwindelerregende Tiefe öffnet sich da. In diesen Urgrund, in dieses Geheimnis des innergöttlichen Lebens, worin Gott Gott ist, der Vater im Sohn, der Sohn im Vater und beide eins in der Liebe des Heiligen Geistes, da hinein werde ich gezogen. Ich muß versuchen, hier die Worte zu vergessen, auch Worte wie «Unsterblichkeit», «Auferstehung», «Weltgericht» und «Fegfeuer», ja vielleicht selbst das Wort «Himmel». Ich sollte versuchen, das Eigentliche unserer Erlösung, die ich hier nur stammelnd ausdrücken konnte, meinem Gemüt nahekommen lassen.

«Haha! Und marterst mich, Narr, der du bist, zermarterst meinen Stolz? Gib Liebe mir – wer wärmt mich noch? Wer liebt mich noch? – Gib heiße Hände, gib Herzens-Kohlenbecken, gib mir, dem Einsamsten, das Eis, ach! siebenfaches Eis nach Feinden selber, nach Feinden schmachten lehrt, gib, ja ergib, grausamster Feind, mir – dich! Davon! Da floh er selber, mein letzter, einziger Genoß, mein großer Feind, mein Unbekannter, mein Henker-Gott!» [Z. 280–281].

Das *Motiv der Flucht* wird hier angetönt. Wieder ein biblischer Gedanke. Der Mensch kann offenbar die Nähe Gottes nicht aushalten. Er flieht Gott, wie der Prophet Jonas damals vor seinem Auftrag vor Gott geflüchtet ist. Ich muß aber wissen: Es ist nicht leicht, Gottes ganze Forderung auszuhalten. Er kann uns erscheinen als Feind, Unbekannter, als Henker-Gott. Vielleicht zerbrach Nietzsche an diesem Gott. Aber nicht nur Nietzsche! Ich muß sehen, daß selbst unser Herr Christus die ständige Gegenwart des Vaters nicht aushalten konnte. Christi Leben war kein großartiges «Drama». Im

Ölberggarten hat er sich auf dem Boden gewälzt, hat geschrien, irrte er umher, schwitzte Blut. Dreimal bat er den Vater und sagte immer dasselbe, daß er nicht mehr möge. Mit fremden Augen starrte er auf die Gestalt des Engels, der ihn trösten wollte. Am Ende brachte er nur noch in einem Nebensatz ein «Ja» fertig, einem furchtbaren «Nein» hinzugefügt. Schließlich konnte er es nicht weiter ertragen und schrie: «Es ist jetzt genug!» Dies war das Geheimnis der Ohnmacht Jesu, der Ohnmacht aller Barmherzigen, die das Leben der andern mittragen wollen. In einem für uns unausdenklichen Sinn ist er in seinem Leid hinabgestiegen in die Hölle, in die Zerstörung der Hoffnungen. Und er hielt es aus und bewies damit, daß er Gott selber war. Er legte sich hin auf die sündenbefleckte Erde, grub sich gleichsam in sie hinein, drückte sie an sich. Von nun an kann und darf der Mensch traurig sein und voller Verzweiflung, gottverlassen sogar. Er ist nicht mehr allein. Gott ist mit ihm. Es gibt keine Macht der Welt mehr, die einen solchen Erlöser von uns nehmen könnte. Mögen jene, die sich die Selbstsucht und die unerbittliche Selbstbehauptung zum Lebensgesetz gemacht haben, uns Leid und Not zufügen. Im Tiefsten unserer Existenz haben sie keine Macht mehr über uns. Christus hat zu allem Ehrlich-Gemeinten des Menschenherzens, zu aller Milde und Verzeihung, zu aller Güte und Hoffnung sein unendliches Ja gesagt.

«Nein! Komm zurück, mit allen deinen Martern! Zum Letzten aller Einsamen, o komm zurück! All meine Tränenbäche laufen zu dir den Lauf! Und meine letzte Herzensflamme – Dir glüht sie auf! O komm zurück, mein unbekannter Gott! Mein Schmerz! Mein letztes – Glück!» [Z. 281].

Dies ist der Abschluß dieses seltsamen Berichtes. Trotz allem, trotz Auflehnung und Widerstreben, sagt der Mensch «Ja» und ruft «Komm zurück!» Alle Tränenbäche des Menschen fließen zum Unbekannten, zu Gott. Die letzte Herzensflamme glüht ihm entgegen. Gott bleibt zwar immer noch sein Schmerz. Aber darüber erahnt er bereits, daß Gott sein letztes Glück ist. Ist es möglich, *Gott zugleich als Schmerz und als Glück zu erfahren?* Um dies zu begründen, muß ich hier zwei Gedankengänge anführen.

Zuerst: *die christologischen Gründe.* Christus lebte in der «Anschauung des Vaters». Es gibt Theologen, die behaupten, diese Anschauung wäre eine «beseligende» gewesen. Ich glaube aber, daß diese Annahme grundsätzlich falsch ist. Wie könnte ich dann Christi Einsamkeit und Gottverlassenheit, seine Agonie und seinen Blutschweiß erklären? Gerade indem Christus den Vater angeschaut hat, seine Nähe erfuhr, und zugleich auch erfahren mußte, daß er dem Leid und der Not, der Zusammenhanglosigkeit unserer Welt ausgeliefert ist, wurde sein Leid so echt, ja so unermeßlich. Gottes Nähe mit allen Fasern der Existenz zu erleben und zugleich der Not ausgeliefert zu sein, dafür gibt es nur ein sehr schwaches Gleichnis, nämlich das der «Hölle». Gerade die Anschauung des Vaters steigerte Christi Leid ins Unermeßliche. Es war also keine «beseligende Anschauung» des Vaters, sondern eine schmerzhafte, das Leid erhöhende Anschauung, die sich da in Christus ereignete. Er fühlte sich Gott ganzheitlich nahe, und zugleich von ihm radikal getrennt. Er sehnte sich nach dem Vater und wußte zugleich, daß er durch Leid und Not zu ihm gelangen kann. Denkt man diese Zusammenhänge nicht in letzter Folgerichtigkeit durch, so hat man vom Leben Jesu recht wenig begriffen.

Zweitens: Auch unser eigenes Leben bleibt unverständlich, wenn man nicht jenes bedenkt, das wir als «*eschatologische Sehnsucht*» zu benennen pflegen. Es ist bezeichnend, daß am Ende des Neuen Testamentes der schmerzhaft-sehnsuchtsvolle Ruf steht: «Amen. Komm, Herr Jesus!» [Offb 22, 20]. In unseren Sehnsüchten leben wir alle uns selbst voraus. Die Sehnsucht nach Christi Wiederkunft ist nur die letzte Kristallisierung vieler Hoffnungen und Sehnsüchte. Ernst Bloch hat diese Struktur menschlicher Existenz in seinem Buch «Das Prinzip Hoffnung» klar herausgestellt. Maréchal und Blondel haben sie geradezu zur Grundlage ihres Philosophierens gemacht. Erst indem der Mensch auf etwas aus menschlichen Kräften Unerreichbares – mit seinem einzig wahren Namen benannt, auf Gott – vorausgreift, entsteht in ihm überhaupt Bewußtsein, Wissen und Wollen. Die Herausforderung muß wahrhaft so groß sein, so unerreichbar, wenn die Wirklichkeit wenigstens einen kleinen Teil von dem leisten soll, was ihr zugrunde gelegt ist. Ohne Sehnsucht verkümmert das menschliche Bewußtsein; und ohne Sehnsucht nach der Wiederkunft Christi verkümmert das christliche Leben.

Hier möchte ich noch eine Frage aufwerfen: Kann der Mensch, und vor allem, kann der Christ in einer solchen Seinssituation noch Freude empfinden? Sicher ist, daß unsere Botschaft an die Welt «eu-angelion» heißt, *Frohe Botschaft*. In diesem Sinne sollten wir alle unser Evangelium schreiben, vielleicht nicht mit Tinte und Papier, sondern mit unserem eigenen Leben. Freude zu sein – nicht bloß Freude zu haben – ist nicht nur eine gute

Eigenschaft, nicht nur ein wenig Lustigsein und Sich-glücklich-Fühlen. Es ist für uns eine christliche Pflicht; ja manchmal eine sehr schwere Pflicht des Alltags. Wie ist das aber möglich? Um ehrlich zu sein, ich selber weiß es nicht. Statt lange darüber zu diskutieren, möchte ich aus der *«Blütenlegende» des heiligen Franziskus von Assisi* ein kleines Beispiel aufzeichnen. Es heißt dort: «Endlich ergriff Bruder Leo das Wort und sprach: ‹Vater, ich bitte dich in Gottes Namen, sag mir, worin liegt die vollkommene Freude!› Der heilige Franziskus erwiderte ihm: ‹Wenn wir jetzt ganz durchnäßt, vom Regen und von der Kälte ganz durchschauert, nach Santa Maria degli Angeli kommen, und wenn wir dann an der Pforte läuten und der Pförtner käme und spräche: Wer seid ihr? Und wenn er auf unser Wort: Wir sind zwei deiner Brüder, uns anführe und spräche: Was? Zwei Landstreicher seid ihr und streicht in der Welt herum und nehmt den Armen ihre Almosen weg! Und er würde uns nicht aufmachen, sondern ließe uns draußen stehen in Schnee, Wasser, Frost und Hunger bis in die Nacht hinein... Und gesetzt, wir würden bei so übler Behandlung noch einmal klopfen und inständig unter Tränen bitten, man möchte uns doch auftun, und jener geriete in Wut und käme mit dem Knüppel und packte uns an der Kapuze und schlüge uns, daß wir nur so in Dreck und Schnee herumtaumelten..., wenn wir all die Unbill, Kränkung und Schläge ertrügen, im Gedanken, daß wir die Pein Christi mit aller Geduld ertragen, o Bruder Leo, schreibe es, da liegt die vollkommene Freude.›» Ich weiß nicht, ob ich selber den Mut aufbrächte, so zu leben! Es wäre herrlich!

Der Bericht aus «Also sprach Zarathustra» endet seltsam. Schließlich bleibt alles in der Schwebe. Zarathustra beschuldigt den Zauberer, ein Lügner und Verführer zu sein; er wolle ihn versuchen. «Der alte Zauberer schwieg eine Weile, dann sagte er: ‹Versuchte ich dich? Ich – suche nur. O Zarathustra, ich suche einen Echten, Rechten, Einfachen, Eindeutigen, einen Menschen aller Redlichkeit, ein Gefäß der Weisheit, einen Heiligen der Erkenntnis, einen großen Menschen!›» [Z. 284]. Für diesen Bericht muß und darf ich jedoch als Christ Friedrich Nietzsche, den die heilige Theresia von Lisieux ihren «*kleinen, kranken Bruder*» nannte, dankbar sein.

MITTE

Erasmus von Rotterdam

Wie die gesamte menschliche Existenz auf eine Innerlichkeit, Tiefe und Mitte hin gebaut ist [oder: sich von dort her entfaltet], so ist auch bei jedem echten Denken eine, freilich oft nur schwer erspürbare, Mitte vorhanden. Man kann bei dem einzelnen Menschen seine *Daseinsmitte* etwa erahnen, indem man sich irgendwie darüber vergewissert, mit welcher Intensität dieser Mensch auf gehobene Sinn-Werte – etwa: Ehre, Freundschaft, Liebe, Redlichkeit und anderes mehr – antwortet. Aber auch: Wie und in welchem Maße bewältigt er die mannigfaltigen Ereignisse seines eigenen Schicksals? Aus welcher Tiefe und welchen Gründen schöpft er die Sinngebung seines Lebens? Was kann er mit der ganzen Entschlossenheit seiner Existenz bejahen und was in ebensolcher Weise ablehnen? Wovon kann er ganzheitlich ergriffen sein? Wofür nimmt er Entsagung, Mißerfolg oder gar Verachtung – vielleicht sogar den Tod – auf sich? Solche und andere Fragen erschließen uns die bei jedem Einzelnen anders und verschieden tief gelagerte Mitte der Existenz. In dieser Mitte lebt der Mensch wirklich. Da ist noch sein konkretes Wesen zusammengeballt, jenes, was wir als Inbegriff des Einzelmenschen als sein «Herz» bezeichnen. Auch *Gedanken* sind in dieser Daseinsmitte enthalten, oder wenigstens «Keime von Gedanken». Alles freilich noch in unsystematischer Weise, mit Wille, Sehnsucht, Gefühl,

Wagnis, Freude und Angst gleichsam zusammengewoben. Gerät diese *Denkmitte* des Menschen einmal in Bewegung, so entläßt sie aus sich – Welle um Welle – mehr oder weniger artikulierte Gedanken. Unversehens sprudelt aus dem Innern nie geahnter Reichtum empor. Auch im biblischen Menschenbild stammen die Gedanken des Menschen aus dem Herzen. Deshalb liegt mir soviel daran, bei den einzelnen Denkern gerade diese, auf nichts anderes mehr zurückführbare, wesenhafte Denkmitte zu erspüren, sie mit Ehrfurcht und Zurückhaltung zu erforschen – nicht als Auseinandersetzung oder Gerede, sondern als freundschaftliches Verstehen. In der Begegnung mit solchen Denkern ereignet sich immer Erschütterung. Es ist sogar möglich, daß in ihr unser ganzes bisheriges denkerisches Universum umgewandelt oder gar zerschmettert wird, so daß wir es neu – Stück um Stück – zusammenfügen müssen.

Erschütterung ereignet sich in solcher Begegnung auch deshalb, weil diese Denker allesamt in einer gewaltigen *Auflehnung des Geistes* stehen, jeder von ihnen und nicht bloß die sogenannten «revolutionären Denker». Mit aller Empörung, die ihre Seele aufbringen kann, greifen sie die «Entwürdigung des Seins» in ihren vielfältigen Formen an. Deshalb sind die Menschen, aus deren Denkmitte impulsiv wesenhafte Gedanken hervorbrechen, die große Hoffnung der niedergedrückten Menschheit. Ihr Auftreten bedeutet immer eine Zeit der Gnade für uns. Sie vermochten zwar oft auf der Ebene der Weltbewältigung nicht durchzudringen. Ihren Einfluß auszulöschen vermochte aber seither niemand. So ist das Denken in der Begegnung vordergründig von einer bestürzenden Vergeblichkeit umgeben. Die seltsame Melancholie dieser Si-

tuation ist für jeden Kenner des abendländischen Denkens mit Händen zu greifen.
Wie bereits angedeutet, vermag die Begegnung mit dem Denkzentrum solcher Menschen unseren ganzen Denkstil zu ändern. Wie heißes Blut strömt plötzlich etwas Neues durch die Adern unserer Gedanken und erfüllt uns mit einem mächtigen, bis anhin vielleicht unbekannten Gefühl: In einem solchen Augenblick fing ich an als Denker zu leben. Ein wahres Leben, ein Existieren aus dem Geiste beginnt für mich nun. Dies ist meine *geistige Geburtsstunde*. Nicht aber in dem Sinne, daß sie mich der Erde entfremden würde. Die Gedanken, die aus einer Daseinsmitte hervorsprudeln, sind ganz erdhaft, mit dem All verbunden, ja sehr oft in einer schlichten Weise fromm. Der Daseinsauftrag der großen Lehrer des Denkens lautete ja: Sich ganzheitlich auf die Liebe der Weisheit hin zu entwerfen [philo-sophia]. Weisheit bedeutet aber: Sittlich richtiges Erkennen, demzufolge der Mensch alles und jedes im Ganzen der Wirklichkeit von Gott her und auf ihn hin ergründet und seine Erkenntnisse auch als religiös-sittliche Entscheidung im konkreten Existieren immer mehr zur Geltung bringt.
In diesem Zusammenhang kommt mir ein Gedanke, der vielleicht einige meiner Freunde befremden wird. Ich denke hier an das Werk Dostojewskis «Die Brüder Karamasow». Der ehrwürdige Staretz Sossima verkündet in feierlicher Weise dem «Gottesträgervolk» mit ergriffenen Worten die *Verwurzelung in einer neuen Innerlichkeit,* die er nach seinem Redestil «Erde» nennt, die ich aber ebensogut als «Daseinsmitte» übersetzen könnte. «Falle zur Erde nieder und küsse die Erde, benetze sie mit deinen Tränen, und die Erde wird aus deinen Tränen Frucht

bringen. Liebe die Erde, liebe unersättlich, liebe alle und alles, suche die Begeisterung und die Ekstase der Liebe. Benetze die Erde mit deinen Tränen der Freude und liebe diese deine Tränen.» Für meine wesentliche Einstellung klingt vielleicht die Aufforderung, «Küsse die Erde» als zu emotional und denkfremd. In meiner Deutung – «Erde» als «Daseinsmitte» – ist sie aber nur ein Zeichen dafür, was sich in jedem Denken «von der Mitte her» ereignen soll. Weiterhin vermute ich: Wer dieses «Küssen der Erde» als konkretes Zeichen seiner Hinneigung zu einer Innerlichkeit wirklich noch nie getan hat, der könnte – glaube ich – in seinem Denken und vielleicht sogar in seinem gesamten Denken fehlgehen.

In diesem Zusammenhang möchte ich von *Erasmus von Rotterdam* sprechen. Es ist nicht leicht, ihm gerecht zu werden. Uns Heutigen ist er bekannt und unbekannt zugleich. Zu seinen Lebzeiten war sein Schicksal kaum anders. Vielleicht ist dieses «Bekannt- und Unbekanntsein» eine Charakteristik eines jeglichen großen Menschen. Ich frage mich, wer dieser Mensch war, der uns heute noch – fünfhundert Jahre nach seiner Geburt – derart fasziniert und den im Grunde nur wenige kennen. Ich möchte aber nicht vorschnell eine Antwort geben. Erasmus' Persönlichkeit war sehr kompliziert. Er lebte zwischen den Fronten und in der Nähe der Grenzen [sowohl äußerlich wie auch innerlich]. Sein Leben und auch seine seelische Struktur lassen sich nicht leicht einfangen und formulieren.

Zuerst *die wichtigsten Etappen seines Lebens*. Aus seiner frühen Jugend ist nur die Tatsache festzuhalten, daß er [wahrscheinlich] am 28. November 1469 [nach anderen 1466] in Rotterdam [dies ist aber auch nur wahrscheinlich] als *Sohn eines Priesters* und einer Arzttochter geboren wurde und daß er seine Eltern bereits vierzehnjährig verlor. Diese Umstände, die er später als Makel empfand, und das Fehlen einer Familie und eines Heims erklären vielleicht seine seelischen Eigenschaften, die ihn im Leben so schwer belasteten: Unrast, Argwohn, Ausweichen, Angst sich festzulegen, Empfindlichkeit und Geltungsbedürfnis. Zur Belastung seiner unehelichen Geburt kam als zweites Hemmnis für seine geistige und charakterliche Entfaltung die *Schwäche seiner leiblichen Konstitution* hinzu. Zeitlebens hatte er mit Krankheiten zu kämpfen, litt unter rauhem Klima, konnte schwere Weine nicht vertragen, plagten ihn Gallensteine und andere Beschwerden. Von Gestalt war er klein und zierlich. Hinzu kam ein Körperfehler, der ihm besonders zu schaffen machte: Die abnormale Abflachung seines Hinterhauptes. In von ihm selbst gezeichneten Karikaturen bespöttelte er diese Eigenschaft. Ihretwegen trug er aber stets eine Kappe, die das Hinterhaupt völlig bedeckte. Das Unansehnliche seiner Gestalt ließ ihn an sich selbst leiden.

Seine Schulausbildung in Deventer war geprägt von der sogenannten «*devotio moderna*». Dies war eine religiöse Erneuerungsbewegung, die hauptsächlich auf eine persönliche und innerliche Frömmigkeit hinzielte. Der Kreis um Deventer blieb lange der Mittelpunkt dieser Bewegung. Den sogenannten «Devoten» ging es vor allem um eine tief erfaßte Christusfrömmigkeit. Sie legten besonderen Wert auf die Schriftlesung und auf eine von ihr genährte Betrachtung. Der Scholastik standen sie zurückhaltend gegenüber, ohne eigentlich in Gegensatz zu ihr zu treten. Ihr Einfluß auf die neuzeitliche Frömmigkeit, besonders auf Ignatius von Loyola und seine Exerzitien, war

sehr markant. Die «devotio moderna», die «neue Form frommen Lebens», lehrte den Menschen, sich ganz nach innen zu kehren, und spielte eine große Rolle bei denen, die das «innere Reich» suchten.
Nach seiner Schulausbildung trat Erasmus [weniger aus Neigung als unter dem Druck der Verhältnisse] in das Augustinerkloster Steyn bei Gouda ein, wo er 1492 die *Priesterweihe* empfing. Erasmus wird später nicht gern davon sprechen, wie tief er durch Deventer und durch Steyn geformt wurde. Doch lebte in ihm, wie ich es später noch zeigen möchte, das unvergängliche Erbe der «devotio moderna» auf: Ein Frommsein auf der Grundlage der Heiligen Schrift und der Väter, eine die Welt in Sorge und Mißtrauen beobachtende Spiritualität, Kritik an allen «Äußerlichkeiten» der Kirche und damit am Klerus, eine verinnerlichende Auffassung des Kultes und der Sakramente und vor allem eine fast kindlich-zarte Frömmigkeit zu Christus.
Es gelang Erasmus zunächst, ohne große Schwierigkeiten aus Steyn in den *Dienst des Bischofs von Cambrai* hinüberzuwechseln. Dies geschah gleich nach seiner Priesterweihe. Er sollte vom Bischof auf seine Italienreise – die dieser aus noch unbekannten Gründen aufgab – als Begleiter mitgenommen werden. Jedenfalls wissen wir, daß der Bischof Erasmus 1495 nach Paris schickte. Erasmus trat in das Collège Montaigu ein, zuerst als Student, dann als Tutor. Allem Anschein nach war er aber in Paris nie glücklich gewesen. Über den Bosheiten, die er über das *Collège Montaigu* geschrieben hat, sollte man jedoch nicht vergessen, daß er von Thomas von Aquin nie anders als mit hoher Achtung sprach. Es waren die «schwierigen Jahre» des Erasmus, die er in Paris verbrachte.

Nur von *England* kann man sagen, es sei für Erasmus eine «Heimat» geworden. Hier hat sein Leben Wurzeln geschlagen. Hier ist er aufgeblüht. Und was noch mehr ist: Hier hat er seine Lebensaufgabe gefunden. Während seines ersten Englandbesuches in den Jahren 1499–1500 begegnete er Männern wie John Colet, einem christlichen Humanisten, und seiner auf der Bibel und den Kirchenvätern gründenden Theologie. Ihm schrieb er im Jahre 1504 einen Brief, dessen Zeilen viel über seine innersten Pläne aussagen: «Mit allen Segeln steuere ich jetzt auf die biblischen Bücher zu... Seit drei Jahren gilt für mich nur noch das Griechische... Die Werke des Origenes habe ich fast alle gelesen, und es scheint mir, daß ich dank seiner Führung bereits einiges geleistet habe... In keiner Literatur verstehen wir etwas ohne das Griechische, denn Vermuten ist etwas anderes als Urteilen; mit eigenen Augen sehen ist etwas anderes als fremden Augen vertrauen.»
Etwa zur gleichen Zeit begann die *Freundschaft mit Thomas More*. Die Korrespondenz zwischen Erasmus und More ist nicht nur umfangreich und wurde beinahe bis zum Tode Mores fortgesetzt, sie bringt viele Beweise für das ungetrübte gegenseitige Verhältnis. Ohne Zweifel hat Erasmus an sich selbst die Macht der Persönlichkeit Mores erfahren. Die Ausgeglichenheit seines Wesens mit ihrer wahrhaft weisen Heiterkeit, also den Eigenschaften, die Erasmus nur allzu sehr abgingen, haben ihn unwiderstehlich zu More hingezogen. Zu Beginn seines dritten Englandaufenthaltes [1509–1514] wird Erasmus im Hause Mores das berühmte «Encomium Moriae» [Lob der Torheit] schreiben. Wenn man wissen will, was im Geiste des Erasmus ein Humanist gewesen ist, so muß man seine Biographie von Morus lesen. Sie ist immer noch die beste, die

existiert, geschrieben im Jahre 1519, als noch niemand wissen konnte, daß Morus die «Philosophia Christi» auch im vollen Wortsinn verkörpern werde, als Hingabe des eigenen Lebens.

Den Rest seines Lebens verbrachte Erasmus vornehmlich mit *verschiedenen Reisen* und mit intensiver geistiger Arbeit. Wir finden ihn drei Jahre lang in Italien [1506–1509] und noch viermal in England. Zwischenzeitlich ein wenig überall: In Antwerpen, in Löwen, in Köln, und immer wieder neu in Basel. Sein Leben dort wurde nur durch wenige Jahre in Freiburg im Breisgau unterbrochen. Er kehrte am Ende seines Lebens nochmals nach Basel zurück und starb dort im Jahre 1536.

Diese kurze Zusammenfassung sagt freilich wenig über die Intensität und Verschiedenartigkeit aus, mit denen er all diese Aufenthalte erlebte. Jedenfalls hat Italien im Leben des Erasmus nicht entfernt die Bedeutung erhalten, die England für ihn besaß. *Es gibt kein Italien-Erleben* im Dasein des Erasmus, wie es zum Beispiel ein solches im Leben von Dürer gibt. Nicht in Vaterländern und Staaten ist Erasmus zu Hause gewesen, sondern – so seltsam das auch klingen mag – *in der Kirche*. Weil er sie liebte, hat er sie so bitter kritisiert. Die Einzelheiten über sein bewegtes Leben kann man in verschiedenen guten Darstellungen nachlesen. Sie brauchen mich also hier nicht besonders aufzuhalten. Bedeutend erscheint mir dagegen, auf einige wichtige Werke von Erasmus aufmerksam zu machen, aus denen ich schließlich die Struktur seines Geistes herauskristallisieren möchte. Ein wenig künstlich, doch im wesentlichen dem geistigen Werdegang des Erasmus entsprechend, möchte ich seine Werke in drei Perioden einteilen. Die Einteilung ist zwar nicht zeitlich gemeint, sondern eher als *konzentrische Kreise* in seinem Schaffen. Im ersten Kreis finde ich jene Schriften, die eine neue «humanistische Haltung» entwerfen wollen.

Humanistische Schriften: Was die Grundhaltung eines echten christlichen Humanisten ausmacht, schilderte Erasmus folgendermaßen: Freundliche, ja festliche Umgangsformen, heitere Stimmung, Einfachheit in Speise und Lebensart, Freiheit vom festen Formzwang, Begabung zur Freundschaft und zum Gespräch, Freude an der Vielfalt der Schöpfung, an der Natur, an den Tieren, Freude am Wissen und an vielseitiger Bildung, Harmonie im Familienleben, Zurückhaltung im Hofdienst, Ernst in der Frömmigkeit. Zu diesen Werken rechne ich so verschiedene und in verschiedenen Zeiten entstandene Bücher wie: «Gegen die Barbaren» [Antibarbari], «Sprichwörter-Sammlung» [Adagia]; dann aber auch das «Handbuch des christlichen Ritters» [Enchiridion militis christiani], «Vertraute Gespräche» [Colloquia] und das Buch «Lob der Torheit» [Encomium Moriae]; und weiter die «Unterweisung eines christlichen Fürsten» [Institutio principis christiani] und die «Klage des Friedens» [Quaerela pacis]. Wie man gleich sieht, erstreckte sich die Schaffenszeit für diese Bücher über zwanzig Jahre, konkret gesagt von 1500–1520. Es ergibt sich bereits aus dieser Aufzählung, daß es sich hierbei nicht so sehr um eine zeitliche Einheit, sondern um einen ersten Kreis des Schaffens handelt.

Die Bibelausgabe und die Vätertexte: 1516 brachte Erasmus das Neue Testament mit Anmerkungen in griechischer und einer von der Vulgata abweichenden, eigenen lateinischen Übersetzung heraus, das «Novum Instrumentum». In Verbindung mit diesem Werk entwarf er Einleitungen [Paraclesis, Methodus und Apologia], eine biblische Theologie, die sogenannte «Philosophia Christi». Nach und nach kommentierte er verschiedene Texte des Neuen Testamentes: Römerbrief [1517], die übrigen Apostelbriefe [1517–1521], die Evangelien [ab 1522] und die Apostelgeschichte [1524]. – Neben dieser Arbeit beschäftigte er sich mit Väterausgaben – und zwar wiederum aus der tief empfundenen Forderung der «Rückkehr zu den Quellen» heraus –, namentlich Cyprian [1521], Arnobius [1522], Hilarius [1523], Irenäus [1526], Chrysostomus [1530]. Mit dieser Erschließung der Quellen erfüllte Erasmus die Sehnsucht einer humanistischen Theologie, ihren Ruf «zurück zu den Quellen» und ihren Wunsch, aus dem von späteren Entstellungen befreiten Urquell des Glaubens selbst schöpfen zu können.

Die Briefe: Es wären hier noch kleinere Werke zu erwähnen. Zum Beispiel das Büchlein über den «Freien Willen» [De libero arbitrio, 1524], in dem er entschieden gegen Luther auftrat, oder das Werk «Ciceronianus» [1528], in dem er sich von einem Humanismus distanzierte, dem Cicero mehr bedeutete als Christus selbst. – Dabei muß ich auf seine Briefe oder – wie man versucht ist zu sagen – auf sein Briefwerk hinweisen. Uns sind heute mehr als dreitausend Briefe von Erasmus bekannt, manche von ihnen kleine Meisterwerke der Abhandlung. In diesen Briefen werden wir des Glücks und der Tragik seiner Freundschaften inne. Ohne diese wäre das Bild des Erasmus nicht zu zeichnen, oder nur falsch. Ich habe wichtige Teile dieser ausgedehnten Korrespondenz in meine eigene Deutung miteinbezogen.

Nun möchte ich, nach dieser fast unwürdig kurzen Schilderung des Lebens und des Werkes von Erasmus, darangehen, *die Grundideen* seiner schöpferischen Tätigkeit zu erarbeiten. Wenn ich richtig sehe, sind es deren drei, die aber sehr eng miteinander verflochten sind. Ich muß deshalb das Wagnis auf mich nehmen, sie einzeln für sich zu betrachten, um sie dann wieder in eine Einheit zusammenzuschauen.

Die Idee des Humanismus: Was mich bei Erasmus geradezu fasziniert, ist die Zielstrebigkeit, mit der er sich einem christlichen Humanismus verschrieb. Schon früh bemerke ich diese Tendenz bei ihm, die Wirkung des Idealbildes der «humanitas», des Gebildetseins an den antiken Vorbildern. Die Unbedingtheit seines Bildungsstrebens entfremdete ihn dem klösterlichen Leben und führte zu einem fast unaufhebbaren Konflikt mit seiner Umgebung. Das Kloster erschien ihm als Hort der Barbarei. In seiner Schrift «Antibarbari», die freilich erst Jahrzehnte später und dann auch nur unvollständig veröffentlicht wurde, geißelte er die Bildungsfeindlichkeit der Mönche.

Erasmus wollte vor allem eine «Philosophia christiana» begründen, eine auf die Bibel und die Kirchenväter aufbauende christliche Moralphilosophie, oder genauer gesagt, einen «christlichen Existentialismus». Den Christen die Bibel zu erschließen, betrachtete er als seine Lebensaufgabe. Seine Bibelausgabe des Neuen Testamentes war in ihrer Zeit ein bedeutungsvoller Beginn. Die von Erasmus in den Einleitungen geäußerten Vorschläge, seine Aufforderung auch an die Laien, sich Wortlaut und Geist der Heiligen Schrift zu eigen zu machen, vermag die Menschen von heute nicht weniger anzusprechen als in seiner Zeit. Aus alldem ist zu ersehen, daß die Bildung für ihn nie Selbstzweck war. Auch für eine heidnische Humanität hatte er nur wenig übrig. Vielmehr: Er verband die Antike mit dem Christentum in eine Einheit. In diesem Sinne konnte er Sokrates seligpreisen, ja ausrufen: «Heiliger Sokrates!» Er hatte kein geschichtliches, sondern ein ethisches Verhältnis zur Antike. Diese bot ihm die «exempla», die Beispiele der richtigen Lebensweise, die zu kennen ebenso wichtig ist wie die Beispiele christlicher Lebensführung. Somit hätte ich das erste Element seines Humanismus angedeutet, die Forderung:

Zurück zu den Quellen. Ich muß betonen, daß der *Kirchenbegriff* des Erasmus ein Gedankengebilde von höchstem Interesse ist. Betrachtet man es genauer, so stößt man in die Kerngebiete seines Denkens vor. Grundlegend war für ihn die Unterscheidung einer präexistierenden Kirche, die seit Erschaffung der Welt geheimnisvoll «vorhanden» ist, und einer neuen Kirche, die mit der Menschwerdung Christi beginnt, dann aber einer dritten Kirche, derjenigen mit dem Pfingstauftrag an die Apostel und mit der Ausbreitung der Kirche über die Welt hin. Erasmus nahm hier einen uralten Gedanken auf und begründete damit die Vorstellung von einer unsichtbaren Kirche. Altes Gedankengut war in dieser Vorstellung die Überzeugung, daß schon im Alten Bund, lange vor Christi Geburt, einzelne Menschen so hellen Geistes geworden seien, daß man sie als Glieder der Kirche auffassen müsse. Nun fügte aber Erasmus einen zweiten Gedanken hinzu: Daß *außerhalb der jüdischen Welt* der göttliche Geist kräftige Taten gewirkt, kluge Worte, geistvolle Ideen erweckt habe, die auf Christus hinweisen. In seiner Zeit haben diese Worte viel bedeutet. Mir erscheint als überaus wichtig der grundlegende Satz, den man in «Convivium religiosum» findet: «Vielleicht ergießt sich der Heilige Geist weiter als wir meinen. Und in der Gemeinschaft der Heiligen finden sich viele, die bei uns nicht im Katalog stehen.» Die Bemühung des Erasmus, das *Griechische und Hebräische* zu erlernen, zum Urtext der Bibel und zu den Kirchenvätern zurückzukehren, entsprang dieser seiner Überzeugung, in allem Positiven Christus selbst zu finden und damit der Einheit der Kirche zu dienen. Damit hängt ein zweiter Zug seines Humanismus zusammen, seine *Bereitschaft zur Freundschaft und zur Korrespondenz.* Ich habe vorher schon erwähnt, wie bedeutsam ich die Briefe des Erasmus zur Beurteilung seiner Persönlichkeit erachte. Es wäre hier vieles zu berichten über seine vornehmen und geistreichen Briefe. Statt einer Untersuchung möchte ich hier nur einen einzigen Brief anführen als Dokument einer Freundschaft. Es ist der Brief an *Ulrich von Hutten* über *Thomas Morus:*

«Wenn du von mir forderst, daß ich dir Morus wie auf einem Gemälde male,... so möchte ich mit dem beginnen, was an Morus am unbekanntesten ist. Von Gestalt und Maß des Körpers ist er schlank, die Hautfarbe ist weiß, das Gesicht neigt mehr zu hellem Glänzen als zur Blässe... Er ist mehr geneigt zu Spaß als zu Ernst und Würde... Seine Gesundheit ist mehr glücklich als fest... Die Sprache ist bewundernswert deutlich und artikuliert. Sie hat nichts Überstürztes oder Stockendes... Sein Hauptvergnügen ist es, Gestalt, Eigenart und Empfinden der verschiedenen Lebewesen anzuschauen. Daher gibt es fast keine Art Vögel, die er nicht daheim hielte... Auf die Lektüre hat er tüchtige Mühe verwendet. Über Augustins Gottesstaat hat er fast noch als Jüngling öffentliche Vorlesungen gehalten... Er richtete seinen ganzen Sinn auf das Studium der Frömmigkeit durch Wachen und Beten...

Nun leitet er seine ganze Familie mit Freundlichkeit. Niemals entläßt er jemanden als Feind. Sein ganzes Haus scheint ein schicksalhaftes Glück zu haben... Unter der Last seiner Geschäfte denkt er noch an die alten Freunde und kehrt oft zu seinen geliebten Wissenschaften zurück... Man kann sagen, Morus ist irgendwie der öffentliche Beschützer aller Schwachen. Er glaubt, ein ungeheurer Gewinn sei ihm zugefallen, wenn er einen Unterdrückten emporgehoben, einen Verstrickten freigemacht, einen in Ungnade Gefallenen versöhnt hat... Und so ist Morus auch am Hof. Deshalb gibt es noch Leute, die des Glaubens sind, Christen gäbe es nicht nur in den Klöstern.»

Daß Erasmus einen solchen Brief über einen katholischen Heiligen an einen damals sehr zwielichtigen Mann richtete, ist besonders kennzeichnend für seine Geisteshaltung. Er wollte überall Gegensätze versöhnen. Dies wäre dann auch das dritte Charakteristikum seines Humanismus:

Die Gegensätze verbinden. Vielleicht müßte man hier darauf hinweisen, daß sowohl Morus als Erasmus *lachen konnten.* Heiterkeit, Spott und Witz, all das war für sie ein Dienst an der Selbstfindung des Geistes. Für die beiden war diese Leichtigkeit alles eher als «leicht». Von Haus aus waren beide grübelnde, asketische Naturen. Die Heiterkeit war bei ihnen das untrügliche Mal der *Selbstbeherrschung.* In unvergeßlichen Worten wird diese Heiterkeit bei Thomas Morus vor seiner Hinrichtung im Gespräch mit seinen Richtern bezeugt. Bei Erasmus war es der gute Mut, mit dem er sich unverdrossen seinen Gegnern und Feinden stellte: Immer wieder zum Gespräch bereit, und auch zur Begegnung. Erasmus wollte immer und überall

«verbinden». Dies war die große Chance seines Lebens, aber auch seine Tragödie.
Wiederum möchte ich auf etwas sehr Bedeutendes hinweisen: Nie zuvor stand Europa eine solche *Elite gebildeter und bildungsbeflissener Menschen* zur Verfügung. Die Universitäten, die großen Verleger, die Buchdrucker und ihre Mitarbeiter sammelten hochqualifizierte Gelehrte. Die große Krise, die da über Europa heraufzog, war zunächst nur eine Wachstumskrise. Es ging darum, die Fülle von im Widerstreit der Meinungen und Anschauungen aufbrechenden Geistern zu integrieren in eine größere Gemeinschaft, die für alle Raum bot zur Darlegung ihrer Anliegen, Nöte, und nicht in letzter Linie zur Darstellung ihrer Berufung. In einem größeren Europa, in einer weiträumigeren Kirche hätten sie alle Platz gehabt. Erasmus selber erschrak aber, als der *Sturm* losbrach: Die Geister und die Gemüter waren nicht reif, das Wohltuende und die Freiheit des Witzes zu erkennen, die unter der bunten Narrenkappe seines Spottes eine tiefe Liebe zu allem Menschlichen offenbaren wollten. Und so werden all diese Männer der großen Versöhnung, die Frieden stiften wollten unter Gegnern, in ihrem Scheitern und Zerbrechen siegen. Überanstrengt, überfordert, sterben sie alle. Ihrem leiblichen Tod folgt meistens die Indizierung, nachdem die Denunziation, der Haß und Hohn sie noch alle bei Lebzeiten erreicht haben. Aus ihrem Samen aber lebt Europa. Es ist bemerkenswert, *wie Erasmus von allen Lagern der großen Kontroverse Abstand genommen hat,* wie er sich nicht engagieren wollte, wie er die Mitte hielt. Reformatoren und Katholiken warben um seine Gunst. Das Verhältnis des Erasmus zu den beiden – und beiden erteilte er eine Absage – zeigt, wie unentbehrlich für ihn der

Gedanke der unsichtbaren Kirche gewesen sein muß, wenn er ein guter Christ bleiben wollte. Und dies wollte er. Die Gestalt des Erasmus heute – nach dem Zweiten Vatikanischen Konzil – zu bedenken, fällt uns nicht mehr so schwer. Es wundert mich nicht, daß man heute eine Geistesgeschichte schreiben kann, die an wichtigen Konflikten und Entscheidungen unter dem Gesichtspunkt seines Namens fast alles berührt, was seit seiner Zeit geschehen ist. Doch muß ich nun von dieser ersten Grundidee heraus jenes entfalten, was im Grunde der Seele des Erasmus wirkte:

Die Idee des Friedens. In einem der letzten «Colloquien» des Erasmus *bekämpft er den Krieg* in scharfer Polemik, mit Überzeugungskraft und Schönheit der Sprache, die sonst nur in den ganz großen Werken zu finden sind. Auch wenn man die konkrete historisch-politische Situation, aus der diese Friedensschriften entstanden sind, genau erkennen und rekonstruieren kann, so spricht hier doch ein aller Geschichte entrückter Erasmus, ein «Erasmus perennis», zu uns. Zwei Schriften dürfen dabei besonders in Betracht kommen, die «*Unterweisung eines christlichen Fürsten*» und die «Klage des Friedens». Im ersten Buch ermahnt er:

«Zu jenem allein möchte ich die Fürsten eines christlichen Namens ermahnen, daß sie die Vorwände aufgeben und ernsthaft, mit ganzem Herzen dafür eintreten, daß die so lange andauernde Kriegswut unter den Christen ein Ende findet und unter ihnen, die durch so vieles miteinander verbunden sind, der Friede und die Eintracht einkehren. Darauf sollen sie ihren Geist lenken, darauf ihre Kräfte erstrecken, dazu ihren Rat geben, darauf sollen sie die Spannkraft aller lenken. Die sich bemühen als groß zu erscheinen, sollen sich auch als groß bewähren... Wir laufen alle dem Niedergang entgegen. Wenn wir nach gemeinsamem Ratschluß die gemeinsame Angelegenheit betreiben würden, dann würde auch das, was jedermanns persönliche Sache ist, eher erblühen. Nun geht aber auch das zugrunde, für das allein wir kämpfen.»

In seiner Schrift «*Klage des Friedens*» sprach Erasmus noch deutlicher, als er über das «*Vaterunser des Soldaten*» folgendes schrieb:

«Wie kann ein Soldat in den Feldgottesdiensten das Vaterunser beten? Unverschämter Maulheld! Du wagst es, Gott als Vater anzurufen, während du deinem Bruder das Messer an die Kehle setzest? Geheiligt werde dein Name. Wie könnte Gottes Name tiefer in den Kot gezerrt werden, als durch gegenseitige Schlägereien? Zu uns komme dein Reich. So betest du und willst gleichzeitig mit Strömen von Blut deine Gewaltherrschaft aufrichten? Dein Wille geschehe im Himmel wie auf Erden. Gott will den Frieden; triffst du aber nicht Vorkehrungen für den Krieg? Du bittest unser aller Vater um das tägliche Brot; sengst und brennst du aber nicht trotzdem die Saaten deiner Brüder nieder, weil du lieber elend zugrunde gehen willst, als daß sie davon einen Nutzen hätten? Wie getraust du zu beten: Vergib uns unsere Schuld, wie auch wir vergeben unseren Schuldigern, während du dich zum Brudermord anschickst? Du willst durch dein Gebet die Gefahr der Versuchung von dir fernhalten; suchst du aber nicht unter eigener Lebensgefahr deinen Bruder ins Garn zu locken? Verlangst du nicht vom Übel befreit zu werden, auf dessen Gewährung hin du selber gegen den Bruder die schmählichsten Anschläge ausheckst?»

Gerade hier muß ich in den Geist von Erasmus tiefer eindringen. Er war kein Pazifist im heutigen Sinne des Wortes. Er war viel mehr! Ein Vermittler des, wenn man es so ausdrücken darf, «Gesprächs der Feinde». Erasmus hat die geistige Funktion des Friedensmittlers tief erkannt. Seine Grundhaltung könnte ich folgendermaßen beschreiben: Von Anfang an müssen die unverlierbaren *Werte des Partners anerkannt werden.* Der sogenannte «Feind» – ein Mensch, eine Gruppe, eine Konfession, eine Partei – lehnt zwar zuerst das Gespräch ab, hat aber das Recht, daß dies von uns respektiert wird. Der Widerstand des «Feindes» löst eine Erschütterung in uns selbst aus.

Eben diese Erschütterung vermittelt für Erasmus eine wichtige Erkenntnis: Das Gespräch der Feinde ist primär und ist dann immer wieder im eigenen Selbst zu eröffnen. Die Trennungslinien verlaufen in uns selbst. Im eigenen Innern muß man zuerst das Gespräch abhalten. In diesem inneren Gespräch mit dem «*Feind in der eigenen Brust*» wird, wenn es durchgehalten und nicht abgebrochen wird, eine Erhellung und Abklärung erfahren, die Unbefangenheit und die Nüchternheit gelernt.

Daraus erwächst die Kardinaltugend des offenen christlichen Humanisten in der Welt: *Die Geduld.* Dies hat Erasmus erkannt: Geduld ist alles. Es bedarf immer wieder sehr langer Zeiträume, bis ein «Gespräch der Feinde» zustande kommt. Man darf von den Menschen nicht verlangen, daß sie über Nacht Geschmack gewinnen an einer offenen Gesellschaft, am Anderssein der Partner und der Gegner.

Erasmus wußte wohl, wie unendlich schwierig ein Gespräch ist, wie es ihm vorschwebte. Im Vertrauen auf die Macht des Geistes bildete sich in ihm aber ein *Optimismus,* die Grundkraft des offenen erasmianischen Humanismus. Optimismus wäre die Tugend der Frommen, die sich, beseelt von einem unüberwindlichen Vertrauen, in das tägliche Scheitern begeben: In das Zerschlagenwerden des eben begonnenen Gesprächs, ja selbst in das Zerschlagenwerden der eigenen Existenz.

Ich weiß nicht, ob ich die Friedenshaltung des Erasmus in ihrer Tiefe richtig zu formulieren vermochte. Als Anregung wenigstens möchten diese vier Punkte dienen, sich in das Erasmianische innerhalb unseres Christentums zu vertiefen. Das ist kein Idealismus, sondern ein harter, machmal schmerzhafter *Realismus unseres Glaubens:* Sich hineinbegeben in die Geschichte, in der – meistens in der ersten Instanz – der Geist Gottes im menschgewordenen Gott gekreuzigt wird und unterliegt, um dann wiedergeboren zu werden und zur Auferstehung zu gelangen. «Wenn das Samenkorn nicht in die Erde fällt, bringt es keine Frucht.» Vielleicht habe ich damit jene Tiefe berührt, in der die ganze Lebenshaltung des Erasmus zusammengefaßt ist, seine

Idee der «Dritten Kraft». Überall in den Werken von Erasmus, vor allem in seinen Briefen, finde ich diese Haltung: *Aktiv zwischen den Fronten bleiben und ausharren in der Vermittlung*. Erasmus wollte immer in der Nähe der Grenzen leben, die er im Notfall binnen weniger Stunden überschreiten konnte. Im Grunde ist es ein Flüchtlingsleben gewesen, das er führte. Er konnte und wollte nirgends endgültig Wurzel fassen, vielleicht mit Ausnahme von England, das freilich durch seine geographische Lage etwas «Abgetrenntes» und «Zwischen-den-Parteien-Stehendes» war. Aber selbst diese Liebe des Erasmus zu England klang in Trauer und Schweigen aus. In der

Hochstimmung von 1509, als Erasmus den Regierungsantritt *Heinrichs* VIII. erfuhr, hat er noch hoffen können, daß die Haltung eines Morus kein Einzelfall bleiben, sondern ein Typus werden, sich nun vervielfältigen, das englische Leben beherrschen und ein Zeitalter des Friedens für Europa heraufführen werde. Sechzehn Jahre später, als Heinrich England von neuem in die Wirren der kontinentalen Kriege zurückgeführt, mit der katholischen Kirche gebrochen und Morus, der drei Jahre lang sein Kanzler gewesen war, aufs Schafott gebracht hatte, konnte Erasmus nur in aller Stille den Augenzeugenbericht über den Tod des Freundes in Basel drucken lassen, einen Bericht, den Flüchtlinge aus England auf den Kontinent gebracht hatten.

Ich möchte hier nicht lange auf die zum Scheitern verurteilte Vermittlungsrolle des Erasmus *zwischen Rom und den Reformatoren* eingehen. Doch sei kurz herausgestellt, wie er, sowohl von Rom einerseits als auch von den Reformatoren anderseits, zu Rate gezogen wurde, und leider bei beiden keinen Erfolg verbuchen konnte. *Hadrian* VI. richtete im Januar 1523 ein eindringliches Schreiben an ihn und bat ihn um Ratschlag in der Frage, wie er im heranziehenden Sturm sich verhalten solle. Erasmus schrieb dem Papst in aller Eile einen Brief, der mit den Worten endete: «Nun wird Deine Heiligkeit mich fragen: Was muß nun geändert werden? Um über diese Dinge zu beraten, soll man aus den einzelnen Gegenden unbescholtene, würdige, milde, beliebte und leidenschaftslose Männer berufen, nach deren Urteil...» Hier bricht der Brief, mitten im Satz, ab. Wir können aber aus diesem abgebrochenen Satz schon ersehen, welche Reform der Kirche und auch welche Handlungsweise Roms Erasmus vorschwebten. Noch im Jahre 1523 schrieb Erasmus einem Freund: «Ich habe dem Papst meinen Rat geschrieben. Nun ziehe ich mich aus dem Streit zurück und gehe zu ruhigeren Dingen über. Indem ich Paraphrasen [Erklärungen zur Bibel] schreibe, glaube ich mein Bestes zu leisten, und niemand wird dabei verletzt.» So wie Erasmus mit seinen Vermittlungsvorschlägen scheiterte, so sollte auch der Papst mit seinem Reformprogramm Schiffbruch erleiden. Er starb am 14. September 1523, ohne sein Ziel erreicht zu haben.

Sehr tragisch endet auch Erasmus' am Anfang durchaus positiv zu wertende *Freundschaft mit Luther* [und auch mit anderen Reformatoren]. Bedeutend erscheint mir sein Brief in dieser Angelegenheit: «Ich bete zu unserem Herrn Christus, er möge den Stil und die Seele Luthers ein wenig beruhigen, damit er der evangelischen Frömmigkeit von Nutzen sei... Unter seinen Gegnern sehe ich mehrere, die die Welt mehr lieben als Christus. Sicherlich gibt es Sünden auf beiden Seiten... Ich wünsche, daß sich Luther eine Zeitlang von diesen Kämpfen zurückzieht, damit er, ohne Leidenschaften, für das Evangelium arbeiten könne. Jetzt ist er ganz Haß gegen mich, was auch ihm sehr schadet... Nicht jede Wahrheit ist gut zu sagen, vor allem nicht zu jeder Zeit. Aber die Art und Weise, wie man sie sagt, ist bedeutend.» Eine geheimnisvolle Tragik liegt in dieser Situation: Erasmus wird von beiden Seiten als Feind angesehen, obwohl er vielleicht der einzige gewesen wäre, der beide Seiten hätte zusammenführen können.

Aus dieser Ausweglosigkeit flüchtete Erasmus schließlich zu dem einen Menschen, der von sich sagen durfte, daß er unser «Weg» sei, *zu Christus*. Dies war dann seine letzte und tiefste Weisheit, die Philosophie Christi. In seinen «Ermahnungen zum Studium der christlichen Philosophie» sagte er: «Zuerst muß man wissen, was Christus gelehrt hat, danach muß man es leben. Denn ich glaube nicht, daß ein Christ sich dann Christ zu sein dünkt, wenn er spitzfindig alle scholastischen Probleme diskutiert, sondern wenn er Christi Lehre und Leben hält und darstellt... Wenn einer frommen Sinnes philosophiert, mehr betend als argumentierend, mehr bedacht auf sittliche Erneuerung als auf intellektuelle Geistesrüstung, der wird erfahren, daß bei ihm alles enthalten ist, was zum Glück des Menschen gehört... Die Evangelien zeigen dir einen Herrn wie er redet und heilt, stirbt und aufersteht, und endlich machen sie ihn dir so gegenwärtig, daß du ihn weniger sehen würdest, wenn du ihn vor Augen hättest.» Damit möchte ich dieses Nachsinnen über das Denken von der Mitte her schließen. Eines muß ich mir dabei noch klar vor Augen halten: *Diese Männer der «Dritten Kraft» waren nicht erfolgreich.* Sie wurden zwischen zwei Mühlsteinen aufgerieben. Sie waren bekannt und geehrt, ihre geistige Größe wurde aber erst heute, in einer Zeit der äußersten Auseinandersetzung, richtig erkannt. Ihrer geistigen Grundhaltung müssen wir – muß auch ich – heute zum Sieg verhelfen. Sonst wären sie, und vor allem Erasmus, verloren für die Christenheit, ja für die Menschheit.

SCHÖNHEIT

Gregor von Nyssa

Mit jedem spricht Gott seine eigene Sprache. Mit mir spricht er offenbar die Sprache der Schönheit. So wählte ich in der folgenden Betrachtung nur wenige Gedanken aus. Dabei habe ich keinen anderen Grund als den, daß diese mir besonders gefallen, mich innerlich mehr ergriffen haben. So vermengt sich für mich auch der Begriff der Wahrheit letztlich mit dem der Schönheit. Auch verhält es sich mit meinem Glauben zum größten Teil in ähnlicher Weise: Es ist – im letzten Grunde – nicht die «Wahrheit des Geglaubten», die mich bewegt, sondern seine Schönheit. Anders ausgedrückt: Eine Wahrheit, die schön ist, verdient, wahr zu sein. Im großangelegten Werk Hans Urs von Balthasars «Die Herrlichkeit» wird auch die Frage der Schönheit radikal ins Zentrum theologischen Nachdenkens gerückt. Zum erstenmal wurde dort in so umfassender Weise herausgestellt, daß die Offenbarung Gottes sich in einer «Überwältigung des Geistes» durch die Selbstevidenz und durch das «*In-sich-selbst-Erstrahlen*» [Schön-sein] des Seins, eben als Herrlichkeit, ereignet. So wird die Schönheitsgestalt [charis] Christi zur Bedingung für das gesamte christliche Dasein, Denken und Tun. In einem anderen Zusammenhang wies Gabriel Marcel auf die zwei Bedeutungen des Wortes «grâce» hin, das im Französischen einerseits die übernatürliche Gnade, anderseits die Schönheit, die Grazie, ausdrückt.

Ich bin dessen gewiß: Wenn und indem ein Mensch seinem «*Sinn für Schönheit*» immer entschiedener nachfolgt, wenn er in sich selbst nichts duldet, was häßlich wäre [nichts in seinen Taten und auch nichts in seinen geheimsten Gedanken], wenn er sich immer offener halten würde für das Schöne, dann und insofern würde er zugleich empfindlicher für die Wahrheit. Deshalb lasse ich mich – im eben dargelegten Sinn – gern von Gedanken «charmieren», mich in ihren Schönheitsbann ziehen, selbst wenn sie vergänglich und unvollkommen sind. Bei den einzelnen Gedanken versuche ich vornehmlich jenes herauszufinden, was bei ihnen einen Sieg über die Häßlichkeit der Welt bedeutet. Wohl ist nicht jeder «Sieg des Denkens» definitiv. Selbst in unseren schönsten Gedanken lebt viel Vergängliches. Gehört es aber nicht zum Vorrang endlichen Geistes, auch vergängliche Schönheit lieben zu können und dürfen?

Es müssen aber nicht immer «Gedanken» sein, die uns Kunde bringen von der Wahrheit. Des öfteren sind es die *wahrheitstrahlenden Gestalten* geistiger Menschen, Männer und Frauen. Bei einem Franz von Assisi waren es vielleicht die Augen, die seine innere Wahrheit verkündeten, oder die Hände, aus denen sie als mitmenschliche Hilfe so gütig floß. Und so kann man die Kraft des schlichten und demütigen Hinschauens auf die Gestalt der Wahrheit als Schönheit kaum überschätzen. Das Schöne nährt den Geist innerlich, macht ihn aufnahmefähig dem Sein gegenüber und in sich selbst bereits zum «Vor-Schein» endgültiger Wirklichkeit.

Aber auch im seinshaften Sinn darf die Schönheit als Kriterium nicht unerwähnt bleiben, obwohl sie hier nicht ausführlich betrachtet werden soll. Dabei müßte man den

Gedankengang dort ansetzen, wo das Sein im Untergründigen mündet, beim Ent-Sprung des Seins in und aus Gott. *Gott selbst lebt als Selbstmitteilung.* Sein Bestand ist reiner Bezug: Als Vater und dessen persongewordene Selbsterkenntnis als Sohn, und zwischen den beiden, aus den beiden entspringend und zwischen ihnen ewig flutend, der Heilige Geist. In diesem ewigen Vor-Gang der Dreifaltigkeit liegt jegliche Schöpfung nach außen begründet.

Genauer: Es ist die persongewordene Selbsterkenntnis Gottes, der Logos, in dem jegliche Abbildlichkeit von Gott, jede Schöpfung wurzelt. Aus nichts anderem, nach keinem anderen Vorbild und Gesetz erschuf Gott endliches Sein als aus und *nach dem ewigen Bilde Gottes in Gott selbst,* nach der zweiten Person der Dreifaltigkeit. Durch unser Erschaffensein sind wir mitten im ewigen Ereignis der Dreifaltigkeit. Dieses «Von-Gott-Stammen» begründet im Menschen eine Dynamik nach Gott hin; Gott selbst zieht die Schöpfung im Menschen in die Sphäre der Gott vorbehaltenen Reinheit, Unvergänglichkeit, Würde und Freude hinein. Demnach gibt es keinen «profanen», außerheiligen Bereich in unserer Welt; nicht in uns selbst und nicht um uns herum. Die «Atmosphäre des Seins» in der Welt ist rein.

Versucht man sich – geistigen Sinnes – in diese Urgegebenheit des Seins und des Lebens zu vertiefen, so entsteht eine tiefe Freude, eine *«Heiterkeit der Gesinnung»,* die ich am liebsten mit dem Wort «Anbetung» bezeichne. Auch hier zeigt sich, was es bedeutet, daß Gott die «Liebe ist» [1 Jo 4, 8]. Er ist jener, der sich verströmend aus seiner absoluten Intimität in freiester Gewährung heraustritt, damit etwas außer ihm überhaupt sei. Gregor von Nyssa deutete dies in seiner «Auslegung des Hohenliedes» mit begnadeter Sprache an: «Es ist wie bei den Krügen, aus denen das Salböl ausgeleert wurde und wo die Art des ausgegossenen Öls aus seinem Wesen nicht mehr erkennbar ist. Dennoch bilden wir aus einem geringfügigen Etwas, das vom Duft im Krug zurückblieb, Vermutungen über das ausgeschüttete Salböl. Das ist es, was wir daraus lernen: Was das Salböl der Gottheit in seinem Wesen ist, geht über alle Namen und Begriffe hinaus. Die im All erblickten Wunder bereiten aber den Stoff für die Namen, mit denen wir Gott etwa weise, oder mächtig, gut, heilig, selig, ewig, Richter und Retter und anderes mehr nennen. All dies zeigt aber nur ein geringfügiges Etwas von dem göttlichen Salböl, das die ganze Schöpfung in sich eingeprägt erhielt.»

Ich möchte nun diese Zusammenhänge am Beispiel des Kirchenvaters *Gregor von Nyssa* einigermaßen erklären. Er ist ein sympathischer, doch recht seltsamer Mensch gewesen. Man weiß nicht mit Sicherheit, wann und wo er geboren wurde, und auch nicht, wann und wo er gestorben ist. Dazu kommt noch: Zuerst wollte er Priester werden, dann aber entschied er sich für die Heirat und wurde Rhetor. Sein «starker» Bruder, der Heilige Basilius der Große, mußte ihn fast zwingen, Bischof zu werden, um ihn zu unterstützen. Seinen inneren Anlagen nach war er ein Dichter, doch mußte er Theologie «betreiben». Seine Natur war in sich gekehrt, doch gab er sich mit Kirchenpolitik ab. Er wurde verfolgt und aus seiner Diözese vertrieben, doch wurde er auf dem zweiten Konzil von Nizäa als «Vater der Väter» gefeiert. In solchen Spannungen erwuchs einer der bedeutendsten, aber auch eigenwilligsten Denker der Väterzeit. Es sei hier zuerst kurz aufge-

zeichnet, was wir von seinem Leben wissen. Es ist recht wenig, gibt uns aber wenigstens den äußeren Rahmen für sein Verständnis.
Gregor, Sohn von Basilius dem Älteren und Emmelia, wurde wahrscheinlich in Cäsarea geboren um das Jahr 335. Es war eine in ihrem Glauben gefestigte, man möchte fast sagen «*heilige Familie*». Vater und Mutter, Basilius der Ältere und seine Frau Emmelia, werden als Heilige geehrt. Drei Söhne wurden Bischöfe und alle drei Heilige: Basilius der Große, Gregor von Nyssa und Petrus von Sebaste. Auch eine Tochter, Makrina, galt als heilig. Basilius der Große war der älteste Sohn und wachte über die Erziehung der jüngeren Geschwister. Gregor wurde zunächst vom Priestertum angezogen und erlangte bereits das Amt des «Lektors» [Vorlesers]. Doch wurde zunächst nichts daraus. Er heiratete das Mädchen Theosebia und wurde Professor der Literatur, das heißt «Rhetor». Auf die heftigen Vorwürfe seiner Freunde, vor allem eines guten Freundes der Familie, Gregors von Nazianz, kehrte er in die Einsamkeit des Mönchslebens zurück. Nur gezwungen nahm er die ihm von seinem Bruder Basilius aufgedrängte Bischofswürde an. Er wurde von seinem Bruder im Jahre 371 zum Bischof von Nyssa in Kappadozien geweiht. Er hat wahrscheinlich während dieser ganzen Zeit seine Frau bei sich behalten. Ein Hinweis in den Texten deutet wenigstens darauf hin. In den Schwierigkeiten der praktisch-kirchlichen Tätigkeit hat Gregor teilweise versagt. Er wurde sogar auf Beschuldigungen hin von einer Synode abgesetzt. Nach dem Tode des Kaisers Valens, im Jahre 378, kehrte er wieder als Bischof nach Nyssa zurück. In dieser Verbannung schien er sich den Gedanken seines Bruders Basilius zugewendet zu haben.

Fast zur gleichen Zeit, als er seine Diözese wieder zurückerlangte, trat ein Ereignis ein, das sein ganzes Schicksal bestimmen sollte. Sein Bruder Basilius starb am 1. Januar 379. *Gregor wird sein Erbe werden in allen Belangen:* In der Theologie, in den Fragen des Mönchslebens und auch in kirchenpolitischen Fragen. Es scheint, daß er bei diesem Ereignis sich seiner Verantwortung voll bewußt wurde. Basilius war eine große, ja ich möchte sogar sagen «zu große», Persönlichkeit. Diese hat bei Gregor anscheinend einen ausgeprägten Minderwertigkeitskomplex bewirkt. Sicherlich hat ihn Basilius sehr gern gehabt, ihn sogar geliebt; aber seinen Wert hat er nie richtig erkannt. Nun, als Gregor sich jetzt allein behaupten mußte, wuchs seine eigene Persönlichkeit, und er erreichte die wahre Tiefe seines Denkens.

Die Synode von Antiochien betraute ihn [im Jahr 379] mit der Visitation der Diözese Pontus, und in dieser Zeit wurde er zum Metropoliten von Sebaste gewählt, wo er einige Monate in – wie er selber schreibt – «Babylonischer Gefangenschaft» sich aufhalten mußte. Auf dem Konzil von Konstantinopel wurde er wegen seiner Rechtgläubigkeit geehrt. Aber bald, nach dem von ihm besuchten Konzil von Konstantinopel, ist er gestorben. Wann genau und wo, das wissen wir, wie schon erwähnt, nicht. In der letzten Zeit wurde seine Tätigkeit am Kaiserhofe sehr geschätzt. Beim Tode der Kaiserin Flaccilla und deren Tochter Pulcheria hielt er 386 die Trauerreden.

Doch kam die Begabung Gregors von Nyssa mehr in seinen *betrachtenden Schriften* zum Vorschein. Den anderen Kappadoziern – Basilius dem Großen und Gregor von Nazianz – als Philosoph und als Theologe überlegen, erwarb er große Verdienste vor allem in der philosophischen Durchdringung der Glaubenslehre. Ich muß allerdings erwähnen, daß Gregor sehr eng mit Origenes verbunden war in seiner Lehre und von ihm auch Lehren übernahm und sie auch verteidigte, für die Origenes als Häretiker verurteilt wurde, so zum Beispiel die «Nichtendgültigkeit der Hölle» [Apokatastasis]. Hier möchte ich mich auf eine einzige Schrift des Gregor von Nyssa beschränken, die zwar nicht zu den wichtigsten gehört, aber seine geistliche Lehre am besten zusammenfaßt: «Die Auslegung des Hohenliedes». Ich möchte hier aus diesen fünfzehn Homilien vier Schwerpunkte herausheben: Die Abbildlichkeit alles Erschaffenen, das Immer-weiter-Voranschreiten des Menschen, den Gedanken der Allvollendung und schließlich das Dunkle Gottes.

Eine der Grunderfahrungen des Gregor von Nyssa war: Gott ist unendlich groß, und trotzdem wird er von den Menschen nicht nur erkannt, sondern auch als der ganz nahe Herr gespürt.

Dies ist möglich wegen der «*Abbildlichkeit alles Erschaffenen*». Ich habe bereits den Text zitiert, mit dem Gregor von Nyssa den Anfang des Hohenliedes [«Ausgegossenes Salböl ist dein Name» – HL 1, 3] deutet. Sofort greift er diesen Gedanken in all seinen Spannungen auf. Daß Gott von uns ferne ist [ausgegossen] und trotzdem die ganze Welt nach ihm «schmeckt». Ich möchte hier Gregors Gedanken ruhig nachgehen, um herauszufinden, welcher Reichtum in ihnen enthalten ist.

Die *Idee eines ewigen Fortschritts* bildet zweifelsohne das Kernstück seiner Lehre. «Die Schau Gottes besteht darin, daß die Seele niemals in der Sehnsucht ermattet, die Augen zu Gott zu heben.» Noch mehr: «Die gesamte Kreatur vermag nicht, sich außerhalb ihrer selbst zu versetzen durch einen umgreifenden Akt der Erkenntnis. Sie bleibt stets innerhalb ihrer selbst. Was immer sie erblicken mag, sie erblickt sich selbst. Sie ist außerstande, etwas anderes als ihre eigene Natur zu sehen... Selbst in der Welt des Gelichtetseins vermag sie nicht, sich grenzenlos zu übersteigen.» Wenn man diesen Ausgang bedenkt, scheint es nicht verwunderlich, daß über der ganzen Theologie von Gregor etwas wie ein *Hauch von Trauer* weht. Gerade in seiner Erklärung des «Selig die Trauernden» sprach Gregor vom Sehen Gottes. Hier, in der Erklärung des Hohenliedes wird Gott die «Hoffnungslose Schönheit» genannt: «Siehe, was Sehen heißt: Nichtsehen!» Ich bin richtig versucht, zu sagen: Gregors Denken war von einem titanischen, ergreifenden Geist beherrscht, von einem Geist, der Ruhe nur in der Unruhe, Seligkeit nur in der Verzweiflung kannte. Selbst die Gottesschau wird bei ihm vom Werden der Kreatur her aufgebaut. Kann aber der letzte Sinn des Geschöpfes nur in seiner Bewegung zu Gott hin sich finden? Ich darf Gregor von Nyssa nicht vorschnell in Kategorien einreihen. Ist das die ganze Lehre Gregors von Gott? Keineswegs!

Wir sind Gottes Gedanke. Dies besagt eine Art von «*Blutsverwandtschaft*» mit Gott selbst. Die menschliche Sehnsucht nach Gott ist aufgehoben durch den Gedanken einer *ewigen Verähnlichung*. Auf wunderbare Weise erscheint nun die Kluft überbrückt: Ohne daß der vorige Satz unwahr würde, daß nämlich die Schau des Geschöpfes letztlich auf eine Selbst-Schau sich beschränkt, findet sich Gott nun geheimnisvoll in das Innere des Geschöpfes versetzt. Die begnadete Seele erblickt in sich, indem sie sich selbst schaut, wie in einem Spiegel ihr Urbild, Gott selbst. Je reiner sie durch Gott wird, um so mehr vermag sie von der Reinheit Gottes zu fassen. Man wird in dieser Lösung an die Philosophie von Leibniz erinnert: Nach außen fensterlos, spiegeln die Seelen in ihrem Innern das unendliche Licht. Gott wird erschaut «in der Transparenz des Herzens». Die Seele ist ein Spiegel von Gott, und je reiner sie wird, um so mehr und reiner können wir Gott selbst erschauen.

Nun erahnen wir, wohin die ganze Theologie des Gregor von Nyssa zielt: Auf die *Menschwerdung Gottes*. Christus hat unsere Menschennatur aufgenommen. Durch ihn stehen alle Menschen unmittelbar, in seinshafter Kommunion mit Gott. Dadurch zerbrechen die geschlossenen Monaden. Sie werden von innen geöffnet durch die Gnade. Aber: Die Menschwerdung wird erst dann vollzogen sein, wenn die gesamte Menschennatur, in all ihren Gliedern, durchlässig geworden ist für die Gnade, wenn aus der Menschheit der Leib Christi geworden ist: «Wenn das Gute sich durch alles hindurch ergossen haben wird, dann wird der ganze Leib der lebenspendenden Macht unterworfen sein, ... dann wird Christus aufhören, sich selbst aufzubauen... Dann wird die ganze Schöpfung nur noch ein einziger Leib.» Von hier aus versteht sich auch, warum Gregor von Nyssa mit Origenes und manchen späteren griechischen Vätern für die Nichtendgültigkeit der Hölle eintrat.

Durch die ganze Hoheliederklärung des Gregor von Nyssa geistert der Drang, hinauszugehen, auszubrechen. *Die Hoffnung auf eine andere Welt* beseelt das ganze Werk und das Schaffen von Gregor von Nyssa: «Eine Seligkeit ist uns verheißen, die unsere Sehnsucht übersteigt; ein Geschenk, das unsere Hoffnung übersteigt; eine Gnade, die unsere Natur übersteigt.»

Was uns jetzt bleibt, ist das, was im «Hohenlied» angedeutet ist: «Ausgegossenes Salböl ist dein Name.» Ich möchte hier sehr ehrlich sein: Haben wir viel mehr als das? Ergeht es uns nicht auch so, daß wir das Göttliche in unserem Leben ein wenig erspüren, ohne richtig zu wissen, wer und was uns da entgegenkommt? Ich habe hier alles fortgelassen, was in der «Hoheliederklärung» rhetorische Wiederholung und Umschreibung ist, und nur den wesentlichen Gang des Gedankens aufgezeichnet. So allein kann das Schönste und auch das weitgehend Unbekannte des Werkes von Gregor von Nyssa wieder erschlossen werden, jenes stillen, schüchternen Mönches und Bischofs, der nur ungern Mönch und Bischof wurde und der trotzdem, oder gerade deshalb, «Vater der Väter» genannt wurde. Ich bin überzeugt: Wir müssen uns seinen Einsichten stellen; sie sind in einem tiefen Grund richtig und bedeutend für unser Leben. Nun möchte ich die Grundgedanken des Gregor von Nyssa weiter entfalten und seine Idee vom

«Immer-weiter-Voranschreiten» des Menschen erklären. In einer solchen Welt vernimmt der Mensch das Wort: «Steh auf und komm... Denn siehe, der Winter ging vorüber, der Regen verstrich. Die Blumen erschienen auf dem Felde.» Gregor deutete diese Stelle aus dem Hohenlied: Jemand spricht zu uns; es ist aber lediglich die *«Stimme des Begehrten»*, die sich kundgibt, aber nur dem Gehör und nicht der vollen Erkenntnis: «Nicht Gestalt, nicht Antlitz ist es, was das Wesen des Gesuchten offenbarte, sondern die Stimme. Eher ein Mutmaßen als eine Gewißheit... Er kommt, nicht stehend, nicht so verweilend, daß er dem forschenden Auge durch sein Bleiben erkennbar würde, sondern sich den Blicken entreißend...

Das jeweils Erfaßte ist immer eine andere Erscheinung.»
«Steh auf und komm! Die Natur war durch den Dienst der Götzen versteinert... Als aber die Sonne aufging und den Frühling brachte, hat sie die Natur von der Erstarrung gelöst und mit den aufgehenden Strahlen die ganze Landschaft erwärmt... Und von nun an gilt es: Unmöglich kann jener, der wahrhaft aufsteht, aufhören aufzustehen; und wer auf den Herrn zuläuft, jemals aufhören zu laufen; denn bei ihm ist der weite Raum des Laufes niemals aufgebraucht. Immer ist wieder Aufstehn und niemals Ausruhn vom Lauf. Und sooft unser Gott seinen Ruf ‹Steh auf und komm› wiederholt, ebenso oft gibt er auch die Kraft zum Aufstieg.»
Dieser Gedanke bringt ein Gegengewicht zum vorigen, obwohl er dessen Weiterführung ist. Gott wird erfaßt in einem *unaufhörlichen Aufstieg der Seele,* in der nie erlahmenden Sehnsucht des Daseins. «Es scheint mir – sagt Gregor –, daß es viel ist, was der Mensch von Gott begreift, aber unendliche Male mehr, was über das Begriffene hinausliegt... Der Mensch sieht wohl Gott, doch immer nur nach dem Maß der Kräfte soviel begreifend, als er in sich Raum schaffen kann. Das Grenzenlose und Unumgreifliche der Gottheit liegt jenseits allen Durchgriffs... Gott wird immer im gleichen Abstand der Höhe erblickt... Ich glaube, daß der auf Gott Zulaufende immer weiter und höher über sich hinauswächst... Das Je-Begriffene ist ewig größer als das früher Durchfaßte und begrenzt doch nie das Gesuchte, sondern die Grenze des Gefundenen wird zum Ausgang höheren Findens. Und niemals steht der Wanderer nach oben hin still. Er empfängt Beginn aus Beginn.»

Gregor fährt weiter fort: «Vielleicht hat die Seele nichts mehr, wohin sie weiter sich erhöhe. Denn Zug um Zug hat sie sich Gott nachgebildet: Dem Quell der Quell, dem Leben das Leben. Lebendig ist Gottes Wort, lebendig auch die Seele, die das Wort empfing... Aber die Seele wird gewissermaßen verwundet von der Hoffnungslosigkeit des Erdürstens. Aber es wird ihr das Trauergewand entrissen, als sie erfährt, daß eben der ewige Fortschritt des Suchens und das Nieruhende des Aufstiegs die wahre Stillung der Sehnsucht seien, wo jede zu Rande erfüllte Sehnsucht ein frisches Sehnen nach Gott erzeugt. Nachdem sie so das Gewand der Hoffnungslosigkeit abgeworfen und die hoffnungslos-unbeschreibliche Schönheit Gottes erblickt hat, erwacht sie zu dem immer herrlicheren Gefundenen und dehnt sich aus in heftigem Durst.» Dann noch einmal einem Bekenntnis gleich: «Immer ist schöner das Je-nicht-Gefundene als das Schon-Begriffene.»

Schließlich die zentrale Stelle: «Für den Geist gibt es nur eine Weise, die übersteigende Macht Gottes zu erkennen: Nie beim Begriffenen stehenzubleiben, sondern ruhelos nach dem Mehr-als-Begriffenen zu suchen... Gott ist der Seele Ausgang und Eingang. Ausgang aus dem, worin wir sind, und Eingang in die über uns liegenden Güter... Niemals wird das Eingehen enden und deshalb auch nie das Ausgehen ruhen. Durch fortschreitendes Eingehen wird sich das Ausgehen immerdar außerhalb des Schon-Erfaßten erhöhen.»

Die unendliche Bewegung des Geistes ist also nach Gregor von Nyssa unendlich, sofern sie eben Bewegung ist, immer neuer Entsprung aus Gott zu Gott hin. Darum ist diese Bewegung ein ewiges Auf-und-weiter, ein unendliches Empor. Der aufsteigende Flügelschlag des Geistes bildet

die Grundbewegung unseres Lebens, die sich wesensgemäß in alle Ewigkeit fortsetzt: «Niemals wird die Seele ihre Vollendung erlangen, denn niemals wird sie ihrer Grenze begegnen... Weil Gott in seinem Wesen grenzenlos ist, muß die Wesensgemeinschaft mit ihm grenzenlos sein und fähig, immerdar mehr zu empfangen.» Gott und die Seele sind zueinander gestaltet, wie *die ewig fließende Quelle und der ewig durstende Trinkende*. Aus diesem «Rhythmus des Seins», diesem «Ineinandergefügtsein der Dinge» erklingt «die urbildliche und wahrhafte Musik der göttlichen Weisheit». Vollere Teilnahme und größere Eröffnung fallen hier überein. Offenstehen in der Sehnsucht: Dies ist nach Gregor von Nyssa das tiefste Wesen des Menschen. Nun aber muß ich mit Gregor von Nyssa die Frage der
Allvollendung aufwerfen: Wird in einer solchen Welt jemand wirklich verdammt? Kann es eine ewige Hölle geben? Gregor von Nyssa antwortet – und ich muß betonen, nur für sich persönlich – mit einem entschiedenen «Nein». «Einer ist der König, Herr der ganzen Schöpfung. Er ist auch Herrscher der Finsternis. Fürsten und Mächte stehen unter dem König der Könige und dem Herrn der Herrscher... Die Fürsten und Kräfte werden dereinst aufgehoben, wenn das Böse im Nichtssein verschwinden wird.»

Gregor fährt weiter: «Von der Vollendung her begann unser Dasein. Als es dann... abglitt, gewann es die Vollendung nicht gleich zurück. Es schreitet nur allmählich dem Höheren entgegen... Jeden nimmt Gott entsprechend der Verschiedenheit der Anstrengungen auf... Solches scheint uns die Schrift zu meinen: Gott wird einmal alles in allen; er wird alle in die Einheit des Glaubens

ineinander verschmelzen, in Christus Jesus, unseren Herrn.» An dieser Stelle führt Gregor eine schöne Deutung der Parabel des guten Samariters auf:
«Dieser ist der Gesuchte, weil er mein Bruder war und auch der Nächste dessen wurde, der unter die Räuber fiel und dem er die Wunden mit Öl und Wein und Verbänden heilte... Er hat die gesamte Menschennatur als Erstling der Menschheit an sich genommen, in der jedes Volk miteinbeschlossen war. Er kam mit seinem Leib zu der Stelle, wo der Mensch verunglückt war, pflegte die Wunden, hob ihn auf sein eigenes Tier, gab ihm zur Herberge sein eigenes Haus, das menschenfreundlich ist und wo alle Mühseligen und Beladenen erquickt werden. Wer ihn selbst aufnimmt, der nimmt auch jenen auf, der mit ihm kommt... Und indem der Mensch in seinem eigenen Fassungsraum ihn aufnimmt, wird er in sich zum Herbergenden der Unbergbaren.» Christus erscheint hier *im Bild des guten Samariters,* der die Menschheit hineinführt in seine Herberge. Und so kann das Unfaßliche geschehen, daß der Mensch, und zwar nach Gregor von Nyssa alle Menschen, selber Herberge des Unbergbaren, Wohnung Gottes, sind.
Dann wieder eine zentrale Stelle: «Das Auge des Menschen erschaut Gott nie in seiner ganzen Größe, sondern nur so groß, wie das Auge ihn erfassen kann... So steht der Wanderer niemals nach oben hin still... Immerdar zieht die Quelle des Guten die Dürstenden zu sich heran. Weder dem Durst noch dem Lauf der Sehnsucht noch der Lust des Trinkens wird ein Ende sein, sondern es verewigt sich die Aufforderung, zu dürsten und zu trinken und auf Gott zuzulaufen... So fehlt es dem Steigenden nie an Antrieb, der zu immer Größerem lockt.»

Wenn ich nun diese drei Hinweise Gregors von Nyssa zusammenschaue, dann entsteht vor mir ein Bild von einem Gott, der auch König über das Böse sein kann, weil er dieses Böse dort aufsucht, wo es verwundet wurde und ihm auch eine ewigdauernde, erlöste Entfaltung verleihen kann. Obwohl mir persönlich ein solches Gottesbild recht sympathisch ist, würde ich mich hüten, Gott meinen Mitmenschen und Freunden so vorzustellen. Ich frage mich auch, ob eine solche Anschauung nicht die Radikalität geschöpflicher Freiheit gefährdet. Vielleicht gäbe es doch eine Möglichkeit, zu sagen: Gott verdammt niemanden; nur das Geschöpf kann sich selbst einer Verdammung ausliefern; die Möglichkeit einer Hölle ist demnach zu bejahen; dahinzustellen wäre, ob tatsächlich je ein Mensch diese Möglichkeit verwirklichte. Diese Einstellung wäre, meiner Ansicht nach, der kirchlichen Lehre entsprechend, würde aber dennoch nicht das Bild eines verdammenden Gottes heraufbeschwören. Schließlich bleibt mir noch ein letzter [vierter] Grundgedanke des Gregors von Nyssa zu entwerfen:

Das Geheimnis des Dunkels. Jedenfalls genügt es mir zu sagen: Es reicht uns zu wissen, daß Gott uns so liebt, wie wir es von unserem Herzen aus gar nicht tun können. «Gott ist eben größer als unser Herz» [1 Jo 3,20]. Wir können also gar nicht groß genug denken, und damit auch gar nicht gut und verzeihend genug. Wie er am Ende dennoch alles zusammenfügt, das ist nicht mehr unsere Sache. Es genügt uns, zu wissen, daß er gütiger ist, als wir es von uns aus denken können. Ich glaube, daß Gregor von Nyssa diesen Gedanken andeuten will, da er von Gott als vom «Unfindbaren Funde» redet.

«Der menschliche Geist wird auf eine gewisse Art immerdar neu erschaffen. Er verändert sich zum Höheren durch Zuwachs an Gutem. So ist kein Jenseits für ihn ersichtlich. Er ist durch keine Grenze beschränkt... Was könnte es Beseligenderes geben als das Schauen Gottes? Beide gehen ineinander über. Gott tritt in die Seele und die Seele wandert aus in Gott. Sie sagt: Mein Geliebter ist in mir und ich bin in ihm. Was kann es darüber hinaus noch geben: selbst im Ersehnten zu sein und das Ersehnte in sich zu bergen? Und doch: Die Seele beginnt wieder mit ihrer Klage, als wäre sie des Guten beraubt... Hier müssen wir bedenken: Die Herrlichkeit Gottes wird durch kein Jenseits begrenzt. Und so gibt es kein Erkenntnis-Maß, bei dem die Vorwärtsbewegung stehenbleiben dürfte... Die Erkenntnisvollendung ist wieder zum Ausgangspunkt einer Sehnsucht nach Höherem geworden... In diese hineingestellt, erfährt die Seele, daß sie ebenso weit entfernt ist, die Vollendung erreicht zu haben, als eine, die nicht einmal den Anfang ergriffen hat... So erhebt sie sich von neuem und durchstreift mit ihren Gedanken die Natur, in der die Fürstentümer und die Mächte sind,... ob vielleicht unter diesen der Geliebte gefunden würde. Suchend durchgeht sie alle Ordnungen der Engel, und wie sie das Gesuchte unter den gefundenen Gütern nicht entdeckt, spricht sie also zu sich: Ob er wohl findbar ist, der von mir Geliebte? Sie fragt jeden: Habt ihr ihn vielleicht gesehen, den meine Seele liebt? Die Leute schweigen aber auf diese Frage, und ihr Schweigen bedeutet, daß auch ihnen unfaßbar sei, was sie sucht. Sie verläßt dann das Gefundene... und erkennt den Gesuchten so, daß sie allein im Nichtwissen dessen, was er ist, begreift, daß er ist... Sie sagt zu sich: Kaum daß ich jene verließ und jedem fassenden Zugriff entsagte, da fand ich durch den Glauben den Geliebten. Ich lasse ihn nicht mehr los, ihn, den der Griff des Glaubens fand und jetzt noch faßt.»

Zwar begriff Gregor von Nyssa das christliche Leben auch als «Rückkehr», als «Neuerschaffung» eines ursprünglichen Zustandes, ja als «Umkehr» der Zeit in den Zustand der Urgerechtigkeit. Doch sein System kann in diesen Kategorien keineswegs ausgeschöpft werden. Vielmehr: Der Mensch muß voranschreiten, einem schöneren, vollendeteren Ziel entgegen. Man müßte hier wohl [ungefähr] sechs Elemente unterscheiden:

Erstens: *Die Erwartung*. Es gibt wenige Menschen, die weniger in die Vergangenheit schauen, als Gregor von Nyssa. Immer wieder zitierte er Paulus: «Ich vergesse, was hinter mir liegt, strecke mich aber nach dem aus, was vor mir liegt, und jage, das Ziel im Auge, nach dem Kampfpreis der Berufung nach oben durch Gott in Jesus Christus» [Phil 3, 13]. Dabei muß der Mensch die Hinweise auf die Parusie, auf die Erwartung, und auf die Hoffnung merken. Die Seele wartet auf die Offenbarung des großen Gottes. Mit ihr harrt die ganze Schöpfung auf diese Offenbarung. Die Hoffnung ist gleichsam der Stab, mit dem sich der blinde Mensch vorantastet. Das «erträumte Land» ist nicht «unten», sondern oben, wohin kein Gefühl gelangt, dort, «wo wir selbst leuchtend werden, indem wir das ewige Licht, Jesus Christus, erreichen». Die Nostalgie nach einem «verlorenen Paradies» wird bei Gregor von Nyssa ersetzt durch die Sehnsucht nach einem «Reich, das kommt».

Zweitens: *Die Zeit übersteigen*. Gregor von Nyssa hat oft über die Vergänglichkeit menschlichen Lebens nachgedacht. Das Leben ist ein Verweilen «unter einem Zelt», kurzfristig, auf der Wanderschaft. Da erschien ihm das Mönchsleben als eine Beschleunigung des «Endes der Zeiten»: Der Mensch bringt mehr Frucht für den Tod. Ein seltsamer Gedankengang! Er erscheint noch viel tiefer, wenn man den Beweis bedenkt: Man setzt kein Zwischenglied zwischen sich selbst und die Ankunft Christi. Man übersteigt, transzendiert die Zeit, unmittelbar in Gott hinein. Der Mensch ist bereits an seinem Ziel. Gregor gab ein Beispiel für diese Lebensart, indem er die jungen Mönche lobte: «Ich habe viele unter ihnen gefunden, die – trotz der Jugend ihres Alters – ganz reif geworden sind und ihre Jugend schon im Leben überholt haben.» Dieses Beispiel scheint darstellen zu wollen, daß das echt christliche Leben nicht nur die Jugend überholen, sondern hinausgreifen kann in die Ewigkeit.

Drittens: *Die Endzeit.* Das christliche Leben ist bereits jetzt ein Vorgriff auf die «letzten Dinge». Man pflückt «bereits jetzt, in diesem Leben, die Früchte der Auferstehung». Ja, man eignet sich bereits ein «himmlisches Leben» an. «Es ist eine Wissenschaft, sich dem göttlichen Leben gleichzugestalten.» «Durch das Opfer des eigenen Lebens fängt man an, heute schon das Leben der Engel zu führen.» Dies ist dann ein Leben, das «der Gipfel aller Hoffnung und das Ziel aller Sehnsucht» darstellt, und gleichsam der «Inbegriff aller Verheißungen Gottes» ist. Darin wird klar, daß das christliche Leben ein Nachvollzug der Auferstehung Christi ist.

Viertens: *Die Ewigkeit.* Man wirft Gregor von Nyssa oft vor, daß er die mystische Kontemplation in diesem Leben derart erhöht, ihr eine so große Bedeutung zumißt, daß die «Schau Gottes in der Ewigkeit» nur noch eine kleine, zusätzliche Bedeutung erhält. Es ist zwar richtig, daß nach Gregor von Nyssa zwischen unserem Schauen Gottes im Gebet und unserer ewigen Seligkeit ein innerer Zusammenhang besteht. Doch ist – nach Gregor – das entscheidende Ereignis unserer Ewigkeit, daß «Christus alles in allem» sein wird. Es ist die «Ankunft Gottes», die alles umwandelt und doch alles behält, was würdig ist, aufbewahrt zu werden: «Alles, was die Propheten ersehnt, die Könige und Jungfrauen erahnt haben, und auch all das, was wir in unseren Hoffnungen bereits erfahren haben, wird verwirklicht: Der Mensch wird Gott schauen.»

Fünftens: *Gotteserkenntnis*. Wie ist aber – nach Gregor von Nyssa – dieses «Schauen Gottes» überhaupt möglich? Gott ist doch die Reinheit, Unzerstörbarkeit, Licht und Schönheit. All das macht ihn für uns unnahbar. Mit großer Eindringlichkeit verkündete Gregor von Nyssa, daß «Gott nicht zu erfassen» sei, daß man ihn «weder mit Worten noch mit Begriffen ausdrücken kann», daß er unsere «Erkenntnis ganz übersteigt». Man kann zwar Gott erfassen, indem man seine Taten in der Geschichte betrachtet, obwohl er in seinem Wesen alle Betrachtung übersteigt. So kann es geschehen, daß die Seele selbst schön wird, indem sie sich der unendlichen Schönheit nähert: «Sie wird lichthaft, indem sie des wirklichen Lichtes teilhat.» «Wenn wir aus unseren Finsternissen emporsteigen, werden wir selber zu Licht, indem wir dem wahren Licht näherkommen.» Und nun kommt jene Formulierung, in der Gregor von Nyssa seine ganze Theologie zusammenfaßt: «Wir erkennen den Ähnlichen durch das Ähnliche.» Gott wird in den geschöpflichen Dingen «gespiegelt». Die Seele selbst ist erschaffen «auf sein Bild hin». So muß es auch möglich sein, Gott innerhalb der

Seele zu erkennen. Die ewige Schönheit zeigt sich genauso großartig im Innern des Menschen wie in den Höhen des Himmels. Gottverwandt ist der Mensch: «Die Gottähnlichkeit der Seele ist... das Reich Gottes in euch.» All die Ermahnungen, «sich selbst zu finden» und «zu sich zurückzukehren», erscheinen hier nicht mehr als Selbstbespiegelung, sondern als Suche Gottes. Diese Suche Gottes muß sich aber auch auswirken: Die Seele, die sich schön, rein und lichthaft gestaltet hat, kann Gott erfassen, da sie ihm ähnlich geworden ist. Dieses «Erfassen Gottes», des «Ähnlichen durch den Ähnlichen», ist die eigentliche Grundlage der Spiritualität des Gregors von Nyssa.

Sechstens: *Das Sprechen über Gott.* Ich frage mich aber: Was kann dann der Mensch überhaupt aussagen über Gott? Gregor sagt eindeutig: «Jeder Mensch ist ein Lügner... zwar nicht aus Haß oder Bosheit, sondern wegen der Schwäche seiner Ausdrucksmöglichkeiten.» Paulus hat «Dinge gesehen, über die kein Mensch reden kann». Wenn wir dieses Eingeständnis der Unfähigkeit ernst nehmen, dann bleibt uns noch das Schweigen übrig. So bewahrt Gregor von Nyssa die Unaussprechlichkeit Gottes, und doch akzentuiert er die Möglichkeit der Erfahrung Gottes. Er holte in seine Theologie das alte Thema «Erkenne dich selbst» heim, und doch übertrug er all das auf das Erkennen Gottes und das Sprechen über ihn.

Wenn ich mir nun all das überlege, dann kann ich jene große *Hymne an Gott* nachsprechen, die über die Unaussprechlichkeit Gottes mehr aussagt als viele gelehrte Aufsätze. Diese Hymne wird einmal Gregor von Nazianz, einmal Gregor von Nyssa und wieder einmal Proclus zugeschrieben. Was mir aber nicht viel ausmacht, da alle drei in den gleichen Gedankenkreisen sich bewegten:

«O Du, der Jenseitige von allem! Ist dies nicht alles, was man von Dir sagen kann? Welcher Hymnus wird die Dir gemäße Sprache führen? Kein Wort drückt Dich aus. Woran soll der Geist sich festhalten? Du übersteigst allen Verstand! Allein Du bist unaussprechlich, denn alles, was aussagbar ist, ist aus Dir hervorgegangen. Allein Du bist unerforschlich, denn alles, was sich denken läßt, ist aus Dir hervorgegangen. Alle Wesen, ob sie denken oder nicht denken, erweisen Dir Ehre. Das Sehnen des Alls, das Seufzen des Alls, sie steigen zu Dir. Alles, was ist, betet zu Dir, und zu Dir läßt jedes Wesen, das Deine Welt denkt, einen Hymnus des Schweigens emporsteigen. Alles, was bleibt, bleibt durch Dich. Durch Dich beharrt die Bewegung des Alls. Du bist aller Wesen Ziel. Du bist jedes Wesen. Und doch bist Du kein einziges davon. Auch nicht ihre Gesamtheit. Du bist nicht ein einziges Seiendes. Du bist nicht ihre Gesamtheit. Dir gebühren alle Namen. Doch wie soll ich Dich nennen, Du, den man nicht nennen kann? Welcher himmlische Geist wird je den Nebel durchdringen können, die den Himmel selbst verhüllen? Hab Erbarmen! O Du, der Jenseitige von allem! Ist dies nicht alles, was man von Dir sagen kann?»

Zu diesem Hymnus möchte ich – zur eigenen Besinnung – noch zwei Texte hinzufügen, nicht etwa, um Gregor von Nyssa zu verteidigen, sondern, um seine Gedanken zu vertiefen. In der Bibel, im Buch Jesus Sirach, lese ich: «Viel könnte man noch sagen, und wir kämen nicht ans Ende. Der Schluß der Rede sei: Er ist alles! Wir wollen weiter preisen, denn ergründen können wir ihn nicht. Er ist größer als seine Werke. Furchtbar ist er gar sehr und wunderbar ist seine Macht. Erhebt eure Stimmen zum Lobe. Soviel ihr könnt, denn er übertrifft es noch. Ihr, die ihn preiset, wachset an Kraft. Werdet nie müde, denn ihr könnt ihn nicht erreichen. Wer hat ihn gesehen und kann davon erzählen? Wer kann ihn preisen, wie er ist?» – Und der zweite Text von Angelus Silesius, aus dem «Cherubinischen Wandersmann»: «Gott hat alle Namen und keinen. Man kann den höchsten Gott mit allen Namen nennen. Man kann ihm wiederum nicht einen zuerkennen. Gott ist nichts und alles. Gott, der ist nichts und alles ohne Deutelei. Denn: Nenn was, das er ist! Auch was, das er nicht sei!»

Stets bedroht und fast am Verlöschen, entsteht der Begriff von Gott in uns. Immer wieder von neuem. Es hat den Anschein, als ob alles ihn zerstören würde. Und siehe: Eben das, was ihn zu zerstören scheint, gibt ihm neue Nahrung. Der Mensch wird mit seiner Auseinandersetzung mit Gott nie fertig werden. Der geheimnisvolle und ungleiche Kampf um Gott und mit Gott wird lange, vielleicht bis zum Ende der Zeit dauern, die ganze Nacht unserer Geschichte. «Mache, mein Herr, mir die Augen hell, daß ich nicht entschlafe in der Nacht» [Ps 12, 5]. Ich darf Gregor von Nyssa dankbar sein, daß er für mich die unergründliche Schönheit Gottes und auch die Schönheit des menschlichen Denkens erschlossen und dabei den Mut bewahrt hat, sie trotzdem als Geheimnis hinzustellen.

STIMMIGKEIT

Thomas von Aquin

Die geduldige Gelassenheit und die Hingabe an das Denken in der Schönheit haben mich in dem Maße, wie ich diese erleben durfte und zu verwirklichen suchte, mit einer *stillen Freude* erfüllt. In ihr erfuhr ich die «Heiligkeit» der Welt, die Geborgenheit meines eigenen Daseins in einer nicht mehr auslotbaren, aber durch die ganze Wirklichkeit durchschimmernden Güte Gottes. Ich empfand die Freude immer wieder als einen besonderen, direkten Zugang Gottes zu den Menschen. Sie versetzte mich zeitweise in eine Höhe, von der ich des Daseins Jubel und Schmerz in ihrer bedrohlichen Wirklichkeit, aber auch in ihrer Vorläufigkeit einsehen konnte. Dabei empfand ich die Freude nicht als eine «Botschaft» oder ein «Lebensbekenntnis». Auch wollte ich meine Freude den andern nicht so sehr «sagen», sondern sie nur klingen lassen und eben dadurch entlastend und befreiend wirken. Meine Freude war nur selten fröhliche Ausgelassenheit. Es ist schwer zu sagen, was sich in ihr ereignete. Vielleicht so: In der stillen, inneren Freude schien mir das Schwere zu schweben, zugleich aber das Leichte schwer zu wiegen. Die Sonne schien, aber sie blendete, verzehrte und verbrannte nicht. Der Himmel wölbte sich über der Erde, aber lastete nicht auf ihr, erdrückte sie nicht. In meiner Freude geschah in etwa jenes, wovon Karl Barth in bezug auf Mozarts Musik spricht: «Eine herrliche

Störung der gewohnten Balance der Welt, in deren Kraft das Licht steigt und der Schatten, ohne ganz zu verschwinden, fällt; die Heiterkeit das Leid, ohne es auszulöschen, überholt; das Ja stärker als das immer noch vorhandene Nein zum Klingen kommt. In ihr erscheint das Leben als ein in irgendeiner Höhe oder Tiefe bereits gewonnenes Spiel, und die Vollendung als eine schon vorweg erfüllte Bitte, das angerufene Erbarmen als ein längst eingetretenes Ereignis.»

Nun schreibe ich diese Zeilen in der Überzeugung, daß einmal eine Zeit kommen wird, da *die lauten Dinge verstummen werden*. Alles Sichtbare, Greifbare und Hörbare, alles, was nicht von einem stillen Innern getragen ist, wird einmal abgedrängt in ein schwächliches, oder nichtexistierendes Abseits. Was jetzt noch schweigt oder sich als dem Kampf nicht gewachsen erweist, wird dann als das Starke hervortreten; was heute noch verborgen ist, als das Ausschlaggebende deutlich werden. Es muß ein Zustand der Welt kommen – aus der Welt selbst hervorsprießend und dennoch zugleich als unverdientes Geschenk vom Himmel her «niederschwebend» –, in der die Gesinnung wichtiger sein wird als die Tat, die Wesenhaftigkeit schwerer wiegen wird als der Erfolg. Deshalb habe ich in dieser Schrift über manches geschwiegen, wofür entweder die Zeit noch nicht gekommen ist, oder ich mich noch nicht reif genug fühle. Vielleicht darf ich mich dabei auf die große Stelle in Dantes «Göttlicher Komödie» berufen, wo der Dichter in der Vorhölle den Großen der alten Zeit begegnet, in ihren Kreis aufgenommen und vertrauter Gespräche gewürdigt wird, «davon zu schweigen schön ist».

Ich möchte hier noch auf eine besondere Eigenschaft

dieser inneren Freude im denkerischen Bereich hinweisen: Auf die «*Stimmigkeit*». Sie ist etwas Herrliches und zugleich Gnadenhaftes: Man empfindet auf einmal, daß alles plötzlich «stimmt». Die Gedanken fügen sich ineinander, ruhig und gelassen. Man bemerkt auf einmal das stille Aufleuchten der Wahrheit. Dabei fühlt man instinktiv, daß es einfach «so sein muß» und daß man auch nach dieser Wahrheit leben kann. Es ist das die gnadenhafte Übereinstimmung des Denkens mit dem Leben, der Gedankengänge mit der Lebenshaltung. Der Mensch wird dabei zur «dargelebten Wahrheit». Und auch: Eine Wahrheit, die nicht nur in sich existiert, sondern den andern wohltut, die befreit und mehr Güte in die Welt strahlt. Diese Empfindung stellte sich bei mir immer wieder ein, wenn ich mich mit den Werken von *Thomas von Aquin* beschäftigte und die dahinterstehende Person bedachte. Nun möchte ich das hier nur Angedeutete an seinem Werk und Leben darstellen.
Es ist sicherlich ein Wagnis, über Leben und Werk des Thomas von Aquin kurz zu berichten. Sein Leben entbehrt der Farbenprächtigkeit anderer Denker und Heiligen. Dazu kommt noch: Den Biographen seines Lebens war fast nur der äußere Lebenslauf bekannt. Nur selten gewährte Thomas ihnen einen Einblick in sein Inneres. Fast ängstlich scheute er sich, seine inneren Erfahrungen anderen preiszugeben. Was also seine Freunde und Schüler über ihn zu berichten haben, mutet etwas klischeehaft an. Während es weitgehend gelingen kann, den Fortschritt und die Entfaltung seines Werkes aufzuweisen, ist es fast unmöglich, die Entwicklung seines Charakters nachzuzeichnen. Die ältesten Biographen haben sich nicht nur bemüht, das Leben des Thomas von Aquin in

ein von vorneherein festliegendes Schema zu bringen, sie haben es auch meisterhaft verstanden, alles auszuschalten, was irgendwie auf wirkliche Seelenkämpfe und auf eine Entfaltung seiner Persönlichkeit schließen läßt. Man hat den Eindruck, vor einer russischen Ikone zu stehen, mit festgelegten Zügen und in hieratischer Haltung. Doch sind mir gerade diese ältesten Berichte besonders wertvoll, weil ich durch das Klischee hindurch die *einsame Größe dieses Denkers* zu spüren bekomme. Zudem verlockt mich sein erstaunlich reifes Werk – das auf mich jahrzehntelang einen entscheidenden Einfluß ausgeübt hat – dazu, nach seinem Leben zu fragen, obwohl es fast aussichtslos ist, eine wirklich zutreffende Biographie von ihm als einem Heiligen zu geben.

So möchte ich – weil mich gerade das scheinbar Unmögliche lockt – *auf Umwegen zur Persönlichkeit des Thomas von Aquin vorstoßen*. Zuerst habe ich vor, den äußeren Rahmen seines Lebens zu schildern. Dann, in einem zweiten Teil, jenes darzulegen, was mir als der Kern seiner Lehre erscheint. Schließlich möchte ich von diesem Kern her die Struktur seiner Person entfalten. Ich weiß, daß meine Schilderung den Glanz anderer Berichte nicht erreichen wird. Dafür werde ich – so ist es zu hoffen – etwas erarbeiten, was im denkerischen Bereich unentbehrlich ist: Die Ruhe und die Festigkeit eines, wenn auch verborgenen, dennoch ungewöhnlichen Lebens. Die «Stimmigkeit» zwischen Leben und Werk des Thomas von Aquin war derart groß, daß ich an keinem anderen Dasein sie besser schildern könnte.

Ein stilles Leben. Thomas von Aquin war kein Grafensohn, noch ist seine Familie, wie vielfach behauptet wurde, väterlicher- oder mütterlicherseits mit königlichen Häusern verwandt gewesen. *Er entstammte dem niederen Adel.* Sein Vater, Landulf von Aquino, Herr von Roccasecca, wurde von Kaiser Friedrich II. zum Justitiar der «Terra di Lavoro» ernannt. Um 1225 wurde Landulf in zweiter Ehe – die Frau war normannischen Geschlechts – ein Kind geboren, das in der Taufe den Namen Thomas erhielt. Die Familie des Landulf scheint sehr kinderreich gewesen zu sein. Aus zwei Ehen hatte Landulf anscheinend zwölf Kinder. Vom Vater und von der Mutter her gehörte also Thomas den neuen Stämmen an, die in das Römische Reich eingedrungen waren und dort Erben der alten Kultur geworden sind. Sein Vater und seine Verwandten taten Dienst bei Kaiser Friedrich II., und so kam Thomas schon früh in enge Berührung mit der Welt der Hohenstaufen-Kaiser.

Die Kindheit von Thomas war vom Kampf der zwei universalen Mächte, des Papsttums und des Kaisertums überschattet. Um 1230 brachte Landulf seinen jüngsten Sohn Thomas in die benachbarte *Abtei Monte Cassino.* Es war Landulf schon lange klar, daß mit seinem siebenten Sohn Thomas nichts «Besseres» anzufangen war, als aus ihm einen Abt oder «etwas Ähnliches» zu machen. Von Kindheit an hatte Thomas eine geheimnisvolle Abneigung gegen alles, was sich für Edelleute ziemte: Falkenjagd, Turnier und ähnliche Beschäftigungen. Er war ein großer, schwerfälliger und ruhiger Junge, der, ungewöhnlich schweigsam, fast nie den Mund auftat. Nach knapp zehn Jahren mußte er aber die Stille des Klosters verlassen. Zwischen dem Kaiser und Papst Gregor IX. war abermals ein Zwist offen ausgebrochen. Unter diesen Umständen riet der Abt Stephan von Corbiano selbst dem jungen Thomas, Monte Cassino zu verlassen und in Neapel das Studium der freien Künste zu beginnen.

Von seinem Leben an der *Universität von Neapel* wissen wir nur wenig. Kaiser Friedrich war bestrebt, seine Beamten im eigenen Land auszubilden. Um sie fremdem Einfluß zu entziehen, richtete er für sie eine Universität in Neapel ein. Etwas sehr Bedeutendes für das weitere Leben des Thomas von Aquin ereignete sich da. In Neapel war es im Gegensatz zu Paris möglich, unbehindert durch kirchliche Verbote die Werke von Aristoteles zu studieren. Dieses Studium hat Thomas von Aquin in seinem ganzen Denken und in seiner geistigen Struktur entscheidend geprägt. Noch entscheidender war der Einfluß des neuen Bettelordens der Dominikaner, den er auch in Neapel kennengelernt hatte. Soweit wir uns über die ziemlich verworrenen Ereignisse klarwerden können, sieht es aus, als sei der junge Thomas eines Tages in das Schloß seines Vaters gekommen und habe dort ruhig erklärt, daß er Bettelmönch in dem neuen Orden geworden sei, den der Spanier Dominikus gegründet hatte. Chesterton bemerkt dazu: «Das war ungefähr so, als wäre der Sohn eines Edelmannes heimgekommen, um der Familie munter und frei mitzuteilen, daß er eine Zigeunerin geheiratet habe. Oder als hätte der Erbe eines sehr konservativen Herzogs angekündigt, er werde morgen mit der von den Kommunisten veranstalteten Hungerdemonstration marschieren.» Daß sein Weg ins Kloster führte, dagegen bestanden keine Bedenken. Die Familie hatte aber davon geträumt, ihn einst als Abt von Monte Cassino zu sehen. Die Brüder des Thomas fingen ihn unterwegs bei Orvieto ab und entführten ihn auf die *Burg von Montesangiovanni Campano*. Nach zwei Jahren wurde er freigelassen. Die

Familie ließ Thomas seinen Willen. Er kehrte nach Neapel zurück und wurde von den Ordensobern zum Studium ins Ausland geschickt.
Die älteren Biographen lassen uns darüber im unklaren, ob Thomas nun unmittelbar nach Köln gesandt wurde oder zuerst nach Paris ging. Ich möchte hier nicht die einzelnen Hypothesen diskutieren, die doch durch nichts bewiesen werden können. Ganz gleich aber, ob man für Thomas *in Köln* sieben Studienjahre oder nur deren vier annimmt, sicher ist, daß gerade in Köln es Albert der Große war, der die Eigenart seines Studenten als erster verstand, ihn vor den anderen in Schutz nahm und seine Begabung nachdrücklich förderte. Mit Sicherheit wissen wir jedenfalls, daß Thomas 1245 Italien verließ. Albert der Große war ein viel zu guter Lehrer, um nicht zu wissen, daß die sogenannten «Dummköpfe» nicht immer dumm zu sein brauchen. Belustigt hörte er, daß die Mitschüler Thomas den «stummen Ochsen» nannten. Das alles war für ihn sehr natürlich. Immer noch kannte man Thomas von Aquin nur als einen sonderbaren und beharrlich schweigenden Schüler unter sehr viel glänzenderen und vielversprechenden Mitbrüdern. Da durchbrach Albert der Große dieses Schweigen mit dem berühmten Ausruf: «Ihr nennt ihn den stummen Ochsen. Ich aber sage euch, das Brüllen dieses stummen Ochsen wird so laut werden, daß es die ganze Welt hört.» Bei Albert dem Großen fand Thomas eine nachhaltige Förderung seiner Aristotelesstudien.
Thomas kam als Bakkalaureus 1252 nach *Paris*. Am Anfang begann er seine Vorlesungen mit einer fortlaufenden Deutung der Heiligen Schrift. Im folgenden Jahr hatte er einen neuen Kurs über die Sentenzen des Petrus Lombar-

dus zu halten. Bereits im Jahre 1256 wird er am Universitäts-Kolleg Saint-Jacques zum Magister promoviert. Die Lehrtätigkeit des Thomas von Aquin in Paris war gleich von schweren Streitigkeiten überschattet. Am Anfang war es der Streit um die Lehrberechtigung der Ordensleute an der Universität. Die Universität sträubte sich, Thomas in ihren Lehrkörper aufzunehmen, dann ihn als Magister anzuerkennen, und verbot sogar den Besuch seiner Antrittsvorlesung. Bis zum Ende seines Pariser Aufenthaltes gedieh die Redaktion eines seiner künftigen Hauptwerke, «Summa contra Gentiles» bis zum 45. Kapitel des dritten Buches, also bis zur Hälfte.
Beenden wird Thomas von Aquin dieses Werk in Italien. Nach dreijähriger Magistertätigkeit in Paris kehrte er etwa im Sommer 1259 zuerst nach *Orvieto* in Italien zurück. Im Herbst des Jahres 1265 wurde er Studienleiter am Dominikanerkloster S.ta Sabina in *Rom*. Während seines Aufenthaltes in Italien begann er die Redaktion der «Summa theologica», die für sein eigentliches Hauptwerk gehalten wird, obwohl Thomas sie eigentlich als Lehrbuch für die Studenten schrieb.
Im Herbst 1268 finden wir ihn wieder in *Paris* [zweiter Aufenthalt], wo er den Lehrstuhl für auswärtige Studenten am Collège Saint-Jacques übernahm. Dort schrieb er weiter an seiner «Summa theologica», die er aber nicht mehr beenden konnte. Die vier Jahre Aufenthalt in Paris sind wieder überschattet von Streitigkeiten, diesmal wegen seines Aristotelismus. Vor allem die Weltpriester und die Franziskaner waren sehr beunruhigt wegen des wachsenden Ansehens des Aristoteles. Als nach Ostern 1272 die Pariser Universität im Streik war, rief der Ordensgeneral Thomas wieder nach Italien zurück,

um ein «Studium generale» der Theologie zu organisieren.

Thomas wählte dafür *Neapel* aus, oder wurde dafür vielleicht von Karl I. von Anjou berufen, der die Universität von Neapel reorganisieren wollte. Von Gregor X. wurde er auf das Konzil von Lyon berufen. Er verließ Neapel im Februar 1274, starb aber auf dem Wege nach Lyon an einer plötzlich auftretenden Krankheit, am 7. März 1274, in der *Zisterzienserabtei Fossanova*. Übereinstimmend schildern die Biographen und Zeugen sein gottergebenes Sterben und seine Bereitschaft, sich mit all seinen Lehren der Kirche zu unterwerfen. Der Rahmen seines Lebens umspannte knapp fünfzig Jahre. – Nach diesem notgedrungen trocken geratenen und skizzenhaften Entwurf des Lebens von Thomas von Aquin möchte ich jetzt kurz jenen Kern seiner Lehre entwerfen, worin ich das Eigentlichste und Originellste seiner Doktrin erschaue.

Die Stellung des Menschen in der Doktrin von Thomas von Aquin. Ich möchte mich hier auf einen einzigen Aspekt der Doktrin des Aquinaten beschränken, auf die Stellung der menschlichen Person in seiner Denkstruktur. Zweifellos ist dies nur ein Teilaspekt seines Systems, doch vielleicht der bedeutendste, sicherlich aber der ausschlaggebendste.

Objektive Ordnung. Im ersten Anhieb muß ich unbedingt sagen, daß nach Thomas von Aquin der Mensch in einer objektiven Ordnung steht. Seine Erkenntnis ist nicht eigentlich schöpferisch, sondern soll die «Dinge der Welt» abbilden. «Die Ordnung der Wahrheit entspricht derjenigen des Seins» [ScG I, 1]. Sein Wille bewegt sich in einer Welt der sachlichen Normen. Seine inneren Strebungen entwerfen ihn auf die objektive Wirklichkeit hin: «In allen Fähigkeiten, die auf die eigene Tätigkeit zurückzukehren vermögen, muß sich zuerst die Tätigkeit der bestimmten Fähigkeit auf ein Objekt hin richten» [ScG III, 26]. Die Ordnung der Welt entwirft sich in den Menschen als Mikrokosmos. Deshalb richtet sich der Mensch selbst dann, wenn er nicht mit der Welt, sondern nur mit sich selbst in Beziehung steht, nach einer objektiven Ordnung der Dinge.

Dazu noch: Wenn er nach der objektiven Welt handelt und erkennt, dann richtet er sein Leben nach der größten und höchsten Wirklichkeit, nach Gott. Dermaßen gehört die Objektgerichtetheit zu seiner Person, daß er selbst seine Subjektivität im Lichte des Objektes erkennt [ScG III, 26]. Er vermag die objektive Wirklichkeit in seine Subjektivität zu integrieren, ja ist dazu berufen, daß sein Ich «Form der Formen» der Welt sei [ScG II, 47]. Selbst sein ewiges Glück besteht im «Besitz» der höchsten objektiven Wirklichkeit, in der Anschauung Gottes. Ohne große Schwierigkeit kann ich diese Vorherrschaft des Objektes im System von Thomas entdecken. Ich muß dabei aber sehr vorsichtig sein. Diese einfache Formel scheint der Grundintention des Thomas von Aquin nicht gemäß zu sein. Ganz im Gegenteil.

Subjektive Ordnung. Will ich der nuancierten Auffassung des Thomas gerecht werden, so muß ich die eben geschilderte Formel dialektisch ergänzen. Die menschliche Erkenntnis ist eine Teilhabe am «ungeschaffenen Licht, in dem die ewigen Erkenntnisgründe enthalten sind» [Sth 1, q 84, a 5, corp.]. Dieses Licht erhellt durch die «dynamische Vernunft» [intellectus agens] die geschöpflichen Dinge. Selbst die Sinneswahrnehmungen geschehen im Menschen im Lichte Gottes. Ich darf auch nicht vergessen, daß die «ersten Prinzipien», die unsere ganze Ver-

nunfttätigkeit regulieren, eine Teilhabe an Gottes Wissen sind [cf.: De Ver q 8, a 15, corp.], ja, daß Thomas von ihnen als «eingeborenen Prinzipien» spricht [cf.: De Ver q 11, a 1, ad 18 und De Ver q 11, a 3, corp.]. Somit übersteigt die Ähnlichkeit des Menschen mit Gott jene der Welt [De Pot q 9, a 8, corp.]. Ich könnte diese Überlegungen weiterverfolgen – zum Beispiel in der Frage der Beziehung zwischen Natur und Übernatur, wo ich auch feststellen könnte, daß die Übernatur bei Thomas eine sehr entscheidende Rolle der Natur gegenüber spielt –, doch genügt das Angedeutete bereits, um zu sehen, wie sehr Thomas die Subjektivität des Menschen hervorhebt. Aus diesen zwei Überlegungen erschaue ich eine fein ausgewogene Doktrin über die menschliche Person:
Es ist wahr, daß die objektive Wirklichkeit über der menschlichen Subjektivität steht. Zugleich ist aber dieselbe objektive Wirklichkeit als projektive Funktion der menschlichen Subjektivität zu verstehen. Zwischen diesen zwei polaren Gegensätzen schwebt die doktrinale Haltung des Thomas von Aquin, und man kann die eine Seite nicht überbelasten, ohne das ganze System innerlich zu zerstören. Aus dieser Haltung der Ausgewogenheit entstand bei Thomas eine bis anhin [und heute?] kaum verwirklichte Einstellung zum Sein, die ich die
Schwebende Haltung bezeichnen möchte. Es ist nicht von ungefähr, daß Thomas von Aquin in einer Zeit des Umbruchs – die der heutigen sehr ähnlich ist – Gott bat: «Heiter zu sein ohne Leichtfertigkeit, und reif ohne Wichtigtuerei» [Oratio ad vitam sapienter instituendam. Opuscula theol. Turin-Rom 1954, Vol. 2, S. 285]. Deshalb waren ihm die Gegner und die entgegengesetzten Ansichten höchst willkommen: «Wenn einer dagegen

schreiben will, so wird mir das höchst willkommen sein. Aufkeine andere Weise erschließt sich nämlich die Wahrheit besser und wird der Irrtum besser abgewiesen als im Widerstand gegen den Widerspruch» [De perfectione vitae spiritualis, Schluß].

So sollten auch – nach Thomas von Aquin – immer beide Parteien gehört werden: «Wie beim Gericht niemand ein Urteil fällen kann, wenn er nicht die Gründe der beiden Parteien anhört, so fährt der, der Philosophie lernen muß, beim Urteilen notwendig besser, wenn er alle Gründe anhört, die von zweifelnden Gegnern vorgebracht werden» [In Met II, 1]. Auch war für ihn die restlose Offenheit die Bedingung jeder Wahrheitsfindung: «Wenn einer, der den Namen ‹Wissenschaft› für sich in Anspruch nimmt, gegen das, was wir hier geschrieben haben, etwas sagen will, dann soll er es nicht im Winkel tun und vor Knaben, die über so schwierige Dinge noch kein Urteil haben, sondern soll er gegen das Geschriebene selber schreiben, wenn er es wagt» [De unitate intellectus, Schluß]. Die Wahrheit soll immer ausgesprochen werden, selbst ins Angesicht der Großen und Mächtigen: «Die Wahrheit ändert sich nicht wegen der hohen Würde dessen, zu dem sie gesprochen wird. Wer die Wahrheit sagt, kann nicht besiegt werden, mit wem er auch streitet» [In Hiob 13, 2].

Mit feinem Spürsinn vertraute er deshalb auf den Fortschritt des Geistes: «Die Wissenschaften wachsen. Am Anfang wird wohl weniges gefunden. Dieses Wenige wird hernach durch die Arbeit verschiedener Menschen in großem Umfang Fortschritte machen, weil jeder hinzufügt, was in den Untersuchungen seiner Vorgänger fehlte» [In Eth I, 11]. Oder: «Der Fortschritt der Er-

kenntnis findet auf zweifache Weise statt. Einmal von seiten des Lehrenden, der in der Erkenntnis vorwärtsschreitet in der Abfolge der Zeiten. Und das ist der Grund des Wachstums in den Wissenschaften, die durch menschliche Vernunft begründet werden. Sodann von seiten des Lernenden: So überliefert der Meister, der seine ganze Wissenschaft beherrscht, diese nicht sofort, von Anfang an, den Jüngern, weil sie diese nicht fassen könnten, sondern nur allmählich, indem er sich zu deren Fassungskraft herabläßt. Und in dieser Weise haben die Menschen Fortschritte gemacht in der Erkenntnis des Glaubens in der Abfolge der Zeiten» [Sth II–II q 1, a 7, ad 2].
Solche Einsichten waren auch damals nicht angenehm. Wir wissen, daß Thomas von Aquin mit seiner abgewogenen Haltung auf heftige Widerstände gestoßen ist. Aegidius Romanus verteidigte ihn damals mit den folgenden Worten: «Es gibt Leute, die rasch geneigt sind, Aussagen von Lehrern, durch die die Kirche erleuchtet und der Glaube erhellt wird, als Irrtum zu bezeichnen. Sie täuschen sich und bringen obendrein den Glauben in Gefahr. Die Aussagen jener Männer, die uns auf die Wege der Wahrheit führen, rufen nach solchen, die wohlwollend und frei verbessern, nicht nach solchen, die durch Verleumdung vergiften. Man versperre niemandem den Weg, anders zu denken, wo er ohne Gefahr für den Glauben anders denken darf. Und man zwinge nicht die Schüler, in allem die Lehrmeinungen ihrer Lehrer beizubehalten, denn unser Geist ist nicht gefangen gegenüber einem Menschen, sondern zur Folgsamkeit gegenüber Christus... Und wenn jemand eine abweichende Meinung hält, sollen sie nicht sofort von Irrtum reden» [Quaestio de gradibus formarum. Venedig 1502, fol. 206, V]. Aegi-

dius Romanus mußte damals diese Worte widerrufen und die Verurteilung von Thomas von Aquin unterschreiben, um als Magister der Theologie an der Universität Paris zugelassen zu werden.

Ich habe bis jetzt in zwei Punkten eine rasche und – ich muß leider zugeben – ein wenig trockene Vorarbeit geleistet. Nun möchte ich versuchen, diesen Rahmen innerlich aufzufüllen und anhand der ersten Berichte über Thomas von Aquin die geistige Physiognomie seiner Persönlichkeit schildern. In drei Punkten möchte ich diese Untersuchung unternehmen: Innere Einstellung zur Welt, Erkenntnisleben und Willensleben von Thomas von Aquin.

Die geistige Physiognomie des Thomas von Aquin. Doktrin und Leben waren bei Thomas eine innere Einheit. Er verwirklichte jenes Große und Anziehende, das ich am Anfang als «Stimmigkeit» bezeichnet habe. Was er lehrte, hat er zugleich in seinem Leben zu verwirklichen versucht. Dies wäre für mich der Schlüssel zur Erforschung seiner Persönlichkeit. Seine Grundeinstellung der Wirklichkeit gegenüber habe ich in einer dialektisch-schwebenden Haltung erkannt: Er hat die Fähigkeiten der menschlichen Existenz einer objektiven Ordnung untergeordnet, und zugleich erwuchs seine Subjektivität zur ordnungschaffenden Macht. Wie hat sich diese Haltung in seinem eigenen Leben verwirklicht?

Innere Einstellung zur Welt. In seiner Kindheit hat Thomas eine zurückgezogene, *sich in den Hintergrund drängende Haltung* verwirklicht. Er hat die Wirklichkeit auf sich zukommen lassen. Von den Kindheitsjahren in Monte Cassino wird berichtet: «Er war ein Kind, das nicht viel redete, sondern eines, das angefangen hat, betrachtend schweigsam zu sein» [ASS 658 D]. Diese seine Eigenschaft akzentuierte sich während seiner Studienzeit: «Er wurde mehr und mehr wunderlich schweigsam» [ASS 660 F], so daß seine Studienkollegen ihn den «stummen Ochsen» genannt haben [ASS 661 A]. Auch später blieb er ein schweigsamer Mensch: «Er hat einem mehr in der Seele als mit Worten geantwortet» [ASS 666 E]. Und: «Man hätte gemeint, er verweile dort, wohin sein Geist ihn zog, statt dort, wo er sich leiblich aufhielt» [ASS 671 C]. Jacobus de Caiatia sagt von ihm bündig: «Er war ein Liebhaber der Einsamkeit» [ASS 704 B]. Wilhelm de Tocco charakterisiert ihn folgendermaßen: «Er war ein demütiger Mensch, hat die irdischen Güter verachtet und war sehr rein» [ASS 704 B]. Ich kann diese abstrakten Begriffe mehr mit Inhalt auffüllen. Demütig: Es war höchstwahrscheinlich Wilhelm de Tocco selbst, dem Thomas eine seiner Visionen erzählt hatte. Eines Abends schlief Thomas in Tränen ein. Im Traum erschien ihm ein verstorbener Bruder und fragte ihn, warum er denn weine. Thomas antwortete: «Ich weine, weil mir die Last des Magisteriums übertragen wurde, für die mein Wissen keineswegs ausreicht» [ASS 663 A]. Er hat die irdischen Güter «verachtet»: Die Brüder hatten eines Tages einen Ausflug gemacht. Sie näherten sich abends wieder Paris. Unter ihnen war auch Thomas, der damals bereits berühmte Professor. Seine Brüder fragten ihn: «Magister, schaut, wie schön die Stadt Paris ist! Möchtet ihr Herr dieser Stadt sein? Thomas antwortete: Wäre diese Stadt mein, so könnte ich wegen der Regierungssorgen mich nicht mehr der Betrachtung der göttlichen Dinge widmen» [ASS 671 A]. Und, sehr rein: Ich möchte hier nicht auf diesem Aspekt im Charakterbild des Thomas von Aquin bestehen. Es wäre vielleicht nur zu erwähnen, wie jene, die ihn besonders kannten, über ihn dachten. Bruder Albertus de Brixia «begegnete» einmal in einer Vision dem heiligen Augustinus. Dabei möchte ich mich nicht über die Authentizität der Vision, und der Visionen überhaupt, verbreiten und auch nicht die Möglichkeit und das «Wie» der Erscheinungen untersuchen. Wichtig ist für mich dabei nur, welche Meinung unter den Zeitgenossen über Thomas von Aquin herrschte. Kurz: Augustinus, über Thomas von Aquin befragt, antwortete: «In der Herrlichkeit ist er mir ebenbürtig, mit der Ausnahme, daß er mich in der Keuschheit überragt» [ASS 706 E]. Diese wenigen Angaben genügen bereits, um zu belegen, wie die Persönlichkeit des Thomas von Aquin die erste Polarität seiner doktrinalen Einstellung verwirklichte: Thomas unterwarf sich in seiner Haltung der Welt gegenüber einer von ihm unabhängigen Ordnung der Dinge und Forderungen.

Anderseits aber: Diese freigewählte Unterwerfung seines subjektiven Lebens unter die objektive Wirklichkeit machte es ihm möglich, eine derart reiche Subjektivität zu entfalten, daß diese in souveräner Art und Weise *die Dinge beherrschte und formte.* Ich möchte hier zum Beispiel seine Arbeitsweise erwägen: Seine Quellenhinweise sind keineswegs mechanisch. Er war kein Eklektiker und reihte die Gedanken nicht nebeneinander. Er war in seiner Arbeit höchst selbständig. Obwohl er vertraut war mit dem, was andere Denker vor ihm gesagt hatten, verlor er dabei sein eigenes Ziel nie aus den Augen. «Im Studium der Philosophie ist nicht das Wichtigste zu wissen, was die anderen bereits gedacht haben, sondern, wie sich die Wahrheit der Dinge verhält» [De coelo et mundo. 1, 22]. Ich erfahre auch, daß ihn nie der Kampf mit sich selbst in der schöpferischen Projektion seiner Gedanken gestört hat: «Die Last des Leibes hat seinen unaufhörlich auf das Göttliche gerichteten Geist nie in seinem Höhenflug zu stören vermocht» [ASS 667 D]. «Sein Geist schien sogar von seinem Leib gelöst zu sein» [ASS 664 B]. Auch da gibt uns Wilhelm de Tocco einen wichtigen Hinweis. Er sagte, «daß er vor dem Tod die Generalbeichte von Thomas von Aquin gehört hatte. Sein ganzes Leben bestand in Gebet, in Kontemplation, in Vorlesen, Disputieren, Schreiben und Diktieren» [ASS 704 B]. Welch angestrengte und seelisch souveräne Tätigkeit wird durch diese einfachen Worte angedeutet! Die Subjektivität des Thomas von Aquin beherrschte die objektiven Gegebenheiten vollkommen, formte sie und gab ihnen Bestand.

Wenn ich nun diese zwei Polaritäten zusammenfasse, so ergibt sich daraus ein äußerst nuanciertes Bild des Thomas von Aquin, wie auch des christlichen Denkers überhaupt. Der christliche Denker verpflichtet sich, sich den vom Objekt herkommenden Normen zu unterwerfen, sich ihnen gleichsam zu opfern. Darin, in der Opferung seiner Subjektivität, wird sein Ich immer reicher, immer neu, bis es sich selbst als Schöpfer von neuen Werten entwickelt, ja zum Erschaffer neuer Objektivität wird. Darin wächst wiederum sein Subjekt und erneuert sich. Aurelius Augustinus formulierte bereits diese subtile Dialektik: «Erneuert wachsen und wachsend erneuern» [Novatus crescere et crescendo novari. In Psalm. 131, 1].

Erkenntnisleben. Den ursprünglichen Dokumenten entnehme ich [einerseits], daß Thomas von Aquin nicht nur in seiner Doktrin, sondern auch in seinem Alltagsleben ein kontemplativer Mensch war. Johannes de Napoli bezeugt gleich am Anfang seines Berichtes: «Er war ein Mensch

vorbildlicher Kontemplation» [ASS 699 F]. Ein unbekannter Ordensmann aus Fossanova kann über ihn nur so viel aussagen, daß er «auf die himmlischen Dinge entrückt war» [ASS 700 C]. Petrus de Sancto Felice behauptete, Thomas sei sogar bei Tisch derart nachdenklich gewesen, daß «man alles, was vor ihm stand, wegnehmen konnte, ohne daß er es bemerkte» [ASS 698 E]. Man spricht von seinem «unaufhörlich ‹angestrengten› Geist» [mens indesinenter intenta – ASS 667 D].
Zwei Ereignisse sind allgemein bekannt und illustrieren vorzüglich seine intellektuelle Hingabe. Der Heilige Ludwig, König von Frankreich, hatte schon oft von Thomas von Aquin gehört und wollte Bekanntschaft mit ihm machen. Also lud er ihn zu sich zu Tische ein. Thomas von Aquin arbeitete aber gerade an seiner Theologischen Summa und lehnte die Einladung höflich ab. Der König wandte sich darauf an den Prior. Thomas gehorchte dem Prior und ging zum Tische des Königs. Sein Geist blieb aber bei seiner Arbeit. Das prunkvolle Essen begann und Thomas aß an der Seite des Königs. Nervosität ging aber durch den ganzen Saal. Alles beobachtete Thomas von Aquin. Er saß dort, vollkommen in seine Gedanken versunken, ohne ein Wort mit dem König zu wechseln. Plötzlich schlug Thomas auf den Tisch und sagte: «Jetzt habe ich den schlagenden Beweis gegen die manichäische Irrlehre.» Der Prior, der auch am Mahl teilnahm, ging auf Thomas zu und «packte ihn ziemlich heftig an der Kapuze, riß ihn aus seiner Zerstreutheit mit den Worten: Denken sie daran, Magister, daß sie jetzt am Tisch des Königs von Frankreich sitzen» [ASS 671 C–D]. Ein anderes Mal besuchte ein Kardinal das Kloster, um Thomas zu sehen. Thomas wurde vor dem ganzen Konvent dem

Kardinal vorgeführt. Er war aber derart in Gedanken versunken, daß er kein Wort sprach. Alle warteten auf ein Lebenszeichen. Der Kardinal fing schon an, Thomas für verrückt zu halten. Der Prior ging auch diesmal [offenbar war das seine Methode] zu ihm und schüttelte ihn ein wenig an der Kapuze. Worauf Thomas gleich erwachte und mit großer Liebenswürdigkeit den Kardinal begrüßte [ASS 671 E]. Am Ende seines Lebens – die große Theologische Summa war noch nicht beendet – hat Thomas aufgehört zu schreiben: «Solches wurde mir geoffenbart, daß ich alles, was ich bis jetzt geschrieben habe, für nichts oder nur für wenig erachte» [ASS 672 D]. Und da fiel sein berühmter Spruch: «Ich hoffe auf Gott, daß, so wie das Ende meiner Doktrin gekommen ist, ebenfalls auch das Ende meines Lebens bald kommen wird» [ASS 672 E]. Wiederum sehe ich die erste polare Seite seiner Persönlichkeit: Die totale Hingabe an die objektive Wirklichkeit und die Unterordnung seiner Person unter die Erkenntnis.

Gleichzeitig, ja im gleichen Zuge, verwirklichte er auch die andere Seite der Polarität. *Seine Person wurde zum Maßstab objektiver Erkenntnis*. Einerseits sagt man von ihm, er sei «auf wunderbare Weise kontemplativ» gewesen, und gleich fügt man hinzu: «Sein ganzes Leben war mit Wirken durchsetzt» [ASS 667 D]. Er schien derart sicher zu sein in seinem Urteil, daß er «während seines ganzen Lebens nur wenig an seiner Doktrin, also weder in seinen Vorlesungen noch in seinen Schriften, geändert hat» [ASS 670 D]. Es wird ferner berichtet: «Einmal erzählte er in freundschaftlichem Gespräch, ... daß er noch nie ein Buch gelesen habe, das er mit dem Beistand des Heiligen Geistes nicht verstanden hätte» [ASS 670 D]. Aegidius

Romanus warf den Dominikanern vor: «Sie würden die Schriften Thomas von Aquins vor den anderen verbergen, damit sie selber wissend und intelligent dastünden» [ASS 713 A]. Die alten Brüder berichteten, wie erstaunt sie gewesen seien, zu sehen, daß Thomas von Aquin in so kurzer Zeit [es waren nur zwanzig Jahre zwischen dem Magisterium und dem Tod] «derart viel Neues hervorbringen konnte» [ASS 664 A]. In seinem Vorwort zur Theologischen Summa lesen wir: «Da der Lehrer der katholischen Wahrheit nicht allein die Fortgeschrittenen unterrichten soll, sondern seines Amtes auch die Unterweisung der Anfänger ist, ... so ist es in diesem Werke das vorgesetzte Ziel unseres Strebens, den Inhalt der christlichen Religion auf eine Weise darzustellen, die der Heranbildung von Anfängern entspricht» [STh Prologus]. Wenn wir vor der großartigen Architektonik der Summa stehen und diese Einführung lesen, dann ergreift uns ein Staunen über die Schaffenskraft des Thomas von Aquin, der da lediglich für Anfänger schreiben sollte.

Wiederum entdecke ich das geschilderte Spannungsverhältnis zwischen Sachlichem und Subjektivem. In seinem Erkenntnisleben gab Thomas sich ganz den objektiven Gegebenheiten hin, sog sie gleichsam in sich hinein. Dadurch wuchs seine Vernunft zu einer Größe, daß sie selbst Schöpferin objektiver Werte sein konnte. Schließlich möchte ich noch kurz auf die Frage seines

Willenslebens eingehen. Man kann das Willensleben des Thomas von Aquin nicht verstehen, ohne den Geist der westlichen monastischen Patriarchen. Den Geist der Milde, der Ruhe und des Friedens hat er schon früh im Benediktiner Zentrum des geistlichen Lebens, in Monte Cassino, in sich aufgenommen. Man bemerkt von ihm:

«Die Vernunft und das Gemüt haben sich bei ihm einander inbegriffen» [ASS 668 C]. «Nie hat er angefangen zu arbeiten, ohne vorher gebetet zu haben» [ASS 704 B]. «Beim Abschluß der Arbeit, oder bei einer schwierigen Stelle, hat er wiederum Zuflucht im Gebet gesucht» [ASS 704 B]. Sehr bekannt ist das Begebnis auf der Burg Montesangiovanni, wo ihn seine Verwandten eingesperrt hielten. Sie haben zu ihm ein – wie es in den Akten heißt – «sehr schönes Mädchen» geschickt, um ihn zu verführen. Da sprang der junge Thomas auf, riß ein brennendes Scheit aus dem Kamin und verjagte damit das Mädchen. Nachher zeichnete er mit dem Scheit ein Kreuz an die Wand, kniete nieder und bat Gott um die Gnade der unberührten Reinheit für das ganze Leben. Es wird erzählt, daß Gott ihm anschließend zwei Engel geschickt hat, die ihn mit einem sogenannten «cingulum castitatis» [Keuschheitsgürtel] umgürtet haben [ASS 659 F – 660 B]. Jedenfalls berichtet sein Beichtvater, daß seine letzte Beichte «wie die Beichte eines fünfjährigen Kindes war» [ASS 667 A]. Weniger bekannt, aber sehr bezeichnend für sein *hingebendes Willensleben* ist die folgende Geschichte: Ein junger Laienbruder kam ins Kloster nach Paris. Der Prior beauftragte ihn mit dem Einkaufen und sagte ihm, er solle den ersten Bruder, dem er begegnen würde, mit sich nehmen. Thomas von Aquin hatte die Gewohnheit, bei einer schwierigen Frage im Kreuzgang des Klosters auf und ab zu gehen. Der Bruder kam, sah Thomas und sagte ihm sofort: Guter Bruder, der Prior befiehlt, daß du mit mir kommst. Den ganzen Tag schleppte Thomas den Einkaufssack hinter dem Laienbruder her. Umsonst warteten die Schreiber und auch umsonst der Vorlesungssaal. In der ganzen Stadt lachten die Menschen, daß die Dominikaner den berühmten Professor einen Sack tragen lassen. Als sie heimkamen und die Brüder auf sie zustürzten, antwortete Thomas: «Jede Religion vollendet sich im Gehorsam» [ASS 666 C–D]. Die Ordensarmut hat Thomas derart ernst genommen, daß er einen Teil der Summa contra Gentiles, da er gerade kein Papier hatte, auf kleine Papierfetzen schrieb [ASS 706 C]. Dies alles war bei ihm nur der Ausdruck einer tiefen Hingabe an Christus. Es steht in den Heiligsprechungsakten: Thomas von Aquin hatte gerade einen Teil der Theologischen Summa über das Leid und die Auferstehung Christi beendet. Da erschien ihm Christus selbst: «Thomas, du hast von mir gut geschrieben. Was willst du von mir als Lohn haben?» Thomas von Aquin antwortete schlicht: «Nichts anderes als dich selbst, Herr» [ASS 669 B].

Zur gleichen Zeit konnte aber dieser milde, gutmütige und demütige Mensch *außerordentlich lebensnah* sein. In den Akten finden wir immer wieder, mit welcher Treffsicherheit und Folgerichtigkeit er die Häresien bekämpfte, oder auch nur die philosophischen Irrtümer, zum Beispiel die eines Averroës und seiner Nachfolger [vgl. ASS 664 C – 665 E]. Die Kontemplation hat bei ihm wirklich «gedient», auch im alltäglichen Sinne des Wortes. Seiner Ansicht nach ist die höchste Stufe des Ordenslebens: «contemplata aliis tradere» [Das im Gebet Erschaute anderen weitergeben – STH II–II q 118, a6, corp.]. Die Rückkehr zu den irdischen Dingen soll «aus der Fülle der Kontemplation» geschehen.

Wiederum bemerke ich die gleiche Spannung in seinem Leben: Er hat sich aus Liebe allem untergeordnet, was Wirklichkeit war, und erwuchs dabei selbst zur wirklichkeitschaffenden Kraft.

Am Ende zerbrach sein Leben an dieser Spannung. Er hatte seine Theologische Summa noch nicht beendet, als er eines Tages nicht mehr zum Diktieren erschien. Seine Messe dauerte lange. Schließlich betrat Thomas von Aquin seine Zelle. Bruder Raynaldus berichtet: «Nach dieser Messe schrieb er nichts mehr und diktierte auch nicht» [ASS 711 C]. Immer wieder wurde er dazu gedrängt, aber er antwortete ständig: Raynaldus, ich kann nicht mehr [ASS 711 D]. Auch den Grund gab er an: «Ich habe solche Dinge gesehen, im Vergleich mit denen alles, was ich geschrieben habe, als Stroh mir erscheint» [ASS 711 D]. Die allgemeine Kirchenversammlung war auf den 1. Mai 1274 zu Lyon einberufen worden. Auf Wunsch des Papstes reiste Thomas von Aquin hin. Auf dem Wege erkrankte er ernstlich und bat seine Gefolgschaft, ihn ins Zisterzienserkloster Fossanova zu führen. Trotz bester Pflege nahmen seine Kräfte ab. Er versuchte noch, in abgerissenen Sätzen den Ordensleuten das Hohelied zu kommentieren. Man spendete ihm die Kommunion, darauf die Letzte Ölung. Am folgenden Morgen, dem 7. März, einem Mittwoch, hauchte er seine Seele aus. Was ist nun großartiger, frage ich mich: Seine Doktrin oder sein Leben? Beide waren bei ihm eins.

ERSCHAUEN

Dante Alighieri

In dieser Betrachtung geht es mir darum, das christliche Menschenbild in seiner vollendeten Gestalt darzustellen, zugleich aber auch *das Sehen zu üben,* oder es neu zu erlernen. Das «Schauen der Dinge mit christlichen Augen» erachte ich als eine heute noch fast unentdeckte Domäne. Es ist wohl auch eine grundlegende Aufgabe. Anschauen ist alles andere als passiv, sondern manchmal ein anstrengendes Raum-Bieten, Sich-zur-Verfügung-Stellen, was wahr-genommen werden will. Das Zu-Sehende schenkt das Sehenkönnen. Es sind darin Haltungen des Aufgerufenwerdens und Sich-Erschließens, des Lauschens und Sich-Versenkens enthalten, mit einem Wort die «Fähigkeit zur Begegnung».

Ich habe einmal Romano Guardini, meinen verehrten Lehrer, gefragt, was im Grunde Phänomenologie sei. Er hat mir in seiner wundersam einfachen Art die Antwort gegeben: «*Augen auf und Mund zu.*» Darunter verstand er wohl: Man muß die Gegenstände lange auf sich wirken lassen; sich davor hüten, sofort zu benennen, «abzustempeln», zu katalogisieren. Im Grunde will man im Schauen von der Welt nichts «bekommen» und bei ihr nichts «erreichen». Man steht zunächst einmal mit der «Reinheit des Blickes» vor dem Gegenstand, in einer ursprünglichen Keuschheit des Wahrnehmens. Dann mag sich einstellen, was einige Denker das «Zusammenschauen der fernsten Wissensbereiche» nennen. Man überschaut mit einem einzigen Blick die verschiedensten Gegenstände der Welt; man unterscheidet nicht mehr. Und erst so entdeckt, ja «erschaut» man unter ihnen einen geheimnisvollen Zusammenhang, den man oft nur versuchsweise aussprechen kann. Deshalb benannte Guardini die meisten seiner Schriften «Versuche» oder «Deutungen».

Hans Urs von Balthasar schrieb über Guardini noch in einem anderen Zusammenhang und betitelte den Abschnitt «*Mitschauen*». «Es gibt in der geistesgeschichtlichen Sozietät Gesprächspartner von Rang, die tiefer und ursprünglicher fragen als die anderen und deshalb im Lauschenden, der zu einer Stellungnahme angerufen wird, auch tiefere Quellen entspringen lassen. Die großen dialogischen Monographien Guardinis wählen sich mit Vorbehalt Gestalten, mit denen zusammen die Ursprünge zu schauen und mitschauend kritisch zu sprechen sich sonderlich lohnt. Sie sind nicht die Schöpfer großräumig konstruierter Systeme in Philosophie oder Theologie [bei den Dichtern ist es ein wenig anders], sondern gleichsam offene Stellen, wo Grundfragen aufbrechen, Fenster aufspringen, Lichter durchblitzen, Orte, wo der Eros des Fragens auf Treppen aufsteigt, sich aber einem – wie auch immer – Herabstrahlenden nicht verweigert. Orte auch, wo historische Perioden abbrechen und in Neues übergehen, Fragwürdiges und Hoffnungsvolles gleichzeitig aufscheint, Brückenschlag möglich wird. Wo nur ein ganzer Einsatz – Leben und Denken in einem – helfen kann.»

In diesem Sinn erachte ich das «Erschauen» als eine hohe denkerische Tugend und wohl auch eine unverdiente Begabung. Warum aber diese Bemühung zu sehen? Man könnte wohl sagen, unser ganzes Leben sei darin einbeschlossen. Der Mensch ist Mittelpunkt der Welt, Achse und Spitze einer universalen Anstrengung der Welt. In uns strömt der «Lebenswille» des Alls zusammen und kämpft sich zu Gott, zum endgültigen «Gegenüber» des Sehens, durch. Einst, in unserer reinen Zukunft – wenn das Eigentliche unseres Wesens und mit uns das Wesen der Welt überhaupt im Schauen Gottes zu sich kommt –, wird uns unser endgültiges Sein entgegentreten. Somit ist der «vollendete Mensch» und seine innere Gestalt *nicht «aufweisbar», sondern nur dem ahnenden Schauen zugänglich.* Von diesem hat uns ein Mensch des Mittelalters eindrücklich zu sprechen gewußt, Dante Alighieri. Ich möchte sogar behaupten: Es gibt zwei «Wunder» des Mittelalters; das eine sind die gotischen Kathedralen Frankreichs, das andere die «Divina Commedia» von Dante.

Die erste Idee zum größten Werk *Dante Alighieris* entsprang zweifellos seinem Entschluß, seine Liebe, seine nie zum Vollzug gelangte Zuneigung zu einer Frau, Beatrice, zu verherrlichen. Dante hat der Begegnung mit ihr ein kleines Buch gewidmet, «*La Vita Nuova*». Wortwörtlich heißt es: Das neue Leben. «Schon beinah zum neunten Male seit meiner Geburt hatte der Lichthimmel seinen Kreislauf vollendet, als meinen Augen die erhabene Herrin meiner Seele erschien, die Beatrice genannt wurde von denen, die nach dem passendsten Namen für sie suchten» [VN 2].

Beatrice starb jung und Dantes Liebe blieb für immer unerfüllt. Es war *eine Kinderliebe,* die aber die junge Existenz Dantes derart beherrschte, daß sie zum Abbild der Liebe zu Gott werden konnte. Derart rein und ungetrübt war diese Liebe, daß sie die schönsten Verse, die je in unserem Abendland gedichtet wurden, entlocken konnte. Dante wartete lange, bis er all das auszudrücken vermochte, was er für dieses kleine Geschöpf, hinter dem für ihn das Antlitz des Schöpfers aufleuchtete, empfunden hat. Das Büchlein schließt mit den Sätzen: «Nach diesem Sonett hatte ich eine Erscheinung. In ihr sah ich Dinge, die in mir die Sehnsucht hervorriefen, zu schweigen; nichts mehr über die Gesegnete zu sagen, bis ich es ihrer würdiger zu tun vermöchte... Und gefalle es dem Herrn der Güte, daß meine Seele sich erheben möge, zu sehen die Herrlichkeit, die Beatrice jetzt in Verklärung schaut, das Angesicht dessen, der gelobt sei in alle Ewigkeit» [VN 43]. Das «Neue Leben» gehört wohl mit dem «Phaidon» Platons, mit den «Bekenntnissen» Augustins und mit den «Gedanken» Pascals zusammen zu jenen Büchern, die unzerstörbare Lebenskraft in sich tragen. Was diese Bücher in den Bereich des Unvergänglichen hebt, ist die Intensität des Schauens und die Größe des Erlebten. Dantes «Neues Leben» erzählt nur die Begegnung mit einem Kinde. In späteren Jahren hat sich diese Begegnung wiederholt, und zwar in einer Wahrheit und Glut, welche jeden, der offen ist, erfahren lassen, wie die Liebe zu einem Menschen zum Maßstab echten Lebens und Schaffens werden kann.

Die Welt der «Divina Commedia» ist ein «jenseitiges Universum»: Hölle – Fegfeuer – Himmel. Vor etwas mehr als siebenhundert Jahren, im Mai 1265, kam Dante in Florenz zur Welt. Im September 1321 starb er im Exil, in Ravenna. Von seinem zwanzigsten Lebensjahr an brachte Dante ein Schrifttum hervor, so vielartig, daß man meinen könnte, es sei nicht dem Geist ein und desselben Mannes entsprungen. Alles aber, was Dante vor der

«Commedia» geschrieben hatte, ist aufgegangen im mächtigen Kosmos dieses Werkes. Dante selbst nannte sein Gedicht einmal: «il sacro poema, al quale ha posto mano e cielo e terra» – «Das heilige Gedicht, an dem Himmel und Erde mitgeholfen haben» [DC–Pa 25, 1–2]. Die Menschen, von denen das Gedicht spricht, sind Tote. Doch erhalten sie in der Sprache Dantes das Wort von Lebenden. Sie haben Leiden, Leidenschaften und Hoffnung lebendiger Menschen. Zwar ist – wie vorhin schon erwähnt – die Weltfülle der «Commedia» im jenseitigen Bezug gemeint, aber irgendwie irdisch, ja geradezu sinnlich formuliert. Erstaunlich ist bei Dante die künstlerische Gabe, eine mächtig hereinflutende Weltfülle zu sehen, sie zu formen und sie von allen Seiten her auf die Zentralidee des Gedichtes zuströmen zu lassen.

Diese Grundidee besagt in Kürze folgendes: Das menschliche Leben hat seinen Ausgang in Gott genommen. Die Heimkehr ist aber dem Menschen anheimgestellt. Über allem Unheil des Abfalls von Gott liegt die Heilshoffnung einer Rückkehr zu Gott. Der Mensch – und er allein – hat den existentiellen «motus ad finem», eine Bewegung als Wanderung zum Selbstwerden und zu wachsender Erhöhung im Sein als Mitsein. Das menschliche Wesen ist «nato a salire», geboren zum Aufstieg. Es ist «nato a formar l'angelica farfalla», erschaffen zum Engel-Schmetterling [DC-Purg 10, 124]. Dantes Wesen als Dichter scheint etwas Göttlich-Geschenktes zu sein, umgeben von der Aureole der Gnade: «Dio m'ha in sua grazia rinchiuso», Gott hat mich aufgenommen in seine Gnade. «O abbondante grazie ond'io presunsi ficcar lo viso per la luce eterna», O übervolle Gnade, aus der mir die Gnade kam, den Blick auf das ewige Licht zu heften [DC-Pa 33, 82 f.]. Hineingewoben in ein großartiges Zeitgemälde, wird Dante die Erinnerung an seine Jugendliebe zum Erlebnis der Güte Gottes und zur Vision der Tiefe der Dreifaltigkeit. Scheinbar gibt es aber einen merkwürdigen Zwang großer Dichter, der ihnen auferlegt, die ganze Polarität menschlichen Daseins zu ergreifen: seine Nacht- und seine Lichtseiten. Das Häßliche, Gemeine und Verzerrte ist in der «Commedia» ebenso zur Gestalt geworden wie das Schöne, Erhabene und Verklärte. In wechselndem Kontrast von Dunkel und Hell zieht da alles vorüber, was nur denkbar ist an menschlicher Niedrigkeit und Verzweiflung, aber auch die letzte Vollendung in Gottes Sein im Himmel.

Zwischen diesen zwei Bereichen liegt das «*Purgatorio*», ein Bereich der Erfüllung im Entgegenharren, in dem die Luft bereits frei weht und das Licht rein leuchtet. Es ist ein Reich des Friedens aus der Erbarmung Gottes. Eines Gottes, der in Verzeihung über jene sich neigt, die ungerecht waren, aber deren Seele sie seufzen läßt über die Fehler, die sie begangen. Die Hoffnung, bald zu Gott zu kommen, verwandelt ihre ganze Empfindungswelt in Trost. Die Sehnsucht der Menschenseele steigt frei und ungehindert zu Gott hinauf. Die Menschen singen, flehen um Gnade, jubeln. Sie alle werden von überirdischer Freude erfaßt, wenn einer von ihnen zu Gott aufsteigen darf. Das «Purgatorio» Dantes ist ein Lied zurückhaltender Zärtlichkeit. Selbst die machtvolle Sprache Dantes mäßigt sich in diesen Gesängen. Vielleicht deshalb wird gerade dieser Teil [übrigens in gedanklicher und überhaupt menschlicher Hinsicht der schönste] der «Commedia» von den Literaten so wenig beachtet. Da entsteht – aus der Sehnsucht nach Güte und Schönheit – Endgültiges aus dem Gebrochenen menschlichen Seins. Diesem stillen Vorgang des Endgültigwerdens ist alles Sprachliche und Bildliche angepaßt und untergeordnet. Das Werden des Himmels, das Wesentlichste menschlichen Lebens wird da erschaut: Der gebrochene und auf die Verzeihung Gottes angewiesene Mensch, der aber erfüllt ist von Hoffnung und Freude. Worin besteht nun die Einsicht Dantes in dieses Wesentliche unseres Seins? Wie vollendet sich der Mensch? Welche Prüfungen muß er bestehen, um ganz rein zu werden? Wie kann er aufsteigen zum Schauen Gottes? Worum geht es im Letzten unseres Daseins?

Nach Dante entsteht *der wesenhafte Mensch* darin, daß sein Dasein der Gnade und der Freundschaft Gottes keine Hindernisse mehr entgegensetzt, daß er einverstanden ist, von Gott restlos glücklich gemacht zu werden.

Zaghaft wird das Gedicht begonnen, so wie jeder erste Entschluß zu Gott. «Era già l'ora che volge il disio», es war die Stunde, die mit Sehnsucht füllet [DC-Purg 8, 1]. «Mit Liebe, beim Geläut ferner Glocken, das gleichsam den Tag beweint, ... begann ich eine Seele zu betrachten, die aufstand und ein Zeichen gab... Sie erhob sich, faltete die beiden Hände zum Licht. Als ob sie sagte: Gott ist all mein Trachten» [DC-Purg 8, 3–12]. Alle Augen glänzen vor Sehnsucht. «Ich sah die edlen Seelen schweigend den Blick nach oben richten, wie in Erwartung, bleich und voller Demut» [DC-Purg 8, 22–24]. In diesen Menschen wird der Lauf des Schicksals nicht mehr aufgehalten [DC-Purg 8, 139]. Die wesenhafte Menschwerdung wird in «Purgatorio» als ein «Aufstieg zu Gott» geschildert, wobei die Menschen nach und nach sieben Terrassen oder Kreise eines Berges zu erklimmen haben, ehe sie an die

Spitze des Berges gelangen, von woher sie unmittelbar in den Himmel eintreten können. Das menschliche Sein wird also als ein Hinaufstreben gedacht.

Es gilt im Fegfeuer den Abgrund des eigenen Seins zu erklimmen. Darin ereignet sich Läuterung. Je höher aber man gelangt, um so leichter wird der Aufstieg, da die Existenz sich immer mehr von ihren Lasten befreit. Dante hat nun mit Vergil, seinem Begleiter, das Tor des «Purgatorio» durchschritten. Etwas Endgültiges hat sich dabei vollzogen, das mit dem Bilde des zugeschlagenen Tores versinnbildlicht wird: «Als wir des Tores Schwelle überschritten, ... da hörte ich ein lautes Knirschen hinter mir» [DC-Purg 10, 1–4]. Beide sind nun vom Rest der in Uneigentlichkeit dahinlebenden Menschen getrennt. Ein neuer Zustand eröffnet sich, das *Ereignis der Menschwerdung des Menschen.* Darin entwirft Dante eine staunenerregende Existentialphilosophie menschlicher Selbstwerdung. Der Schritt, der den Eintritt in die menschliche Wesenhaftigkeit einleitet, bedeutet für Dante

Erstens: Demut. Auf der ersten Terrasse, im Kreis der Hochmütigen, erkennt Dante fast keine Menschengestalten, nur gebückte und durch ihr Gebücktsein «erblindete» Wesen. Sie können nicht in die Höhe schauen, nur immer auf den Boden: Das Schauen ist in ihnen noch nicht zum lebendigen Tun erwacht. «Mein Meister – so ruft Dante –, was ich sehe... scheinen mir keine Menschen zu sein.» Vergil beantwortet den erschrockenen Ruf Dantes: «Das harte Los zwingt sie, zur Erde zu ducken» [DC-Purg 10, 112–116]. «Es sind Gewürme, denen noch die Form fehlt» [DC-Purg 11, 138]. «Mit Lasten, wie sie uns oft im Traume drücken... bewegten sich diese Seelen im Kreise» [DC-Purg 11, 27–28]. Selbst der Geduldigste

unter ihnen klagte: «Più non posso», Ich kann nicht mehr [DC-Purg 10, 139]. Was vollzieht sich da?
Der Mensch – sofern und indem er Mensch sein will – muß «sich hinaufdenken» in das je Größere, ja ins Unmögliche. In dem, was er ist, was er in seinem Leben bereits verwirklicht hat, geht er nicht restlos auf. Doch kann auch aus der Spannung nach Größe ein böser Zwiespalt entstehen: Der Mensch fühlt sich unerfüllt. Ein Überdruß am eigenen Wesen, ein Protest gegen sich selbst entsteht in seinem Bewußtsein. Schließlich «lügt» sich der Mensch an dem vorbei, was er in Wahrheit ist. Er ist nicht mehr einverstanden, so zu sein, wie er geworden ist, ja nicht mehr willens, überhaupt zu sein. Da stellt sich die Frage seines Wesens: «Weiß Gott überhaupt, was er uns zumutet, indem er will, daß wir uns selbst annehmen, uns selbst aushalten, uns mit unserem Ungenügen und unserer Fehlerhaftigkeit austragen?» Doch ist die Kraft, in deren Hut wir uns und das uns anvertraute Leben bewältigen, in der wir und mit uns das liebgewonnene Sein um uns herum gedeiht, die Demut.
Sie ist nicht Schwäche. Sie ist Verständnis dafür, was es bedeutet: Ich habe nur das und nichts anderes. Ich darf mein Leben nicht vergeuden, indem ich ständig «Ich» und nochmals «Ich» sage. Demut bedeutet wohl, daß der Mensch sich entschließt, Gottes Hand zu fassen im Vertrauen auf seine Führung. Indem man klein bleibt mit den Kleinen, die Älteren ehrt, als Mann der Frau Höflichkeit entgegenbringt, von den anderen das Unerfreuliche fernhält, als Starke die Schwachen in Schutz nimmt, die Regungen der inneren Gewalttätigkeit mäßigt, den anderen das Leben erleichtert, damit kein Unheil entstehe.
Ein Mensch, der sich nicht zu demütigen weiß, der aus

lauter Selbstbewußtsein die Achtung vor dem Kleinen verliert, wird selbst innerlich klein und arm. Oft scheut sich der Mensch, seiner grundlegenden Lebenshaltung den richtigen Namen zu geben: Demut. Oder schlichter: Zartheit und Höflichkeit zum Geschöpf. Gott «benimmt» sich aber in dieser Haltung uns gegenüber. «Siehe, ich stehe vor der Tür und klopfe leise an» [Offb 3, 20]. Demut ist die Stelle, wo Gottes Herz uns – in Christus – offenbar wird. Sobald der Mensch nur sich selbst im Auge behält, versperrt er sich den Weg vor seiner eigenen Verwirklichung, vergißt er seine eigene Größe. Deshalb muß er demütig werden. Nicht als Strafe, sondern als Ausgangspunkt jeder Selbstverwirklichung: Weil sein eigener Weg zur Größe das vorschreibt. «Leerer Ruhm bloßer menschlicher Kraft! Wie schnell ist es mit deinem Wipfel-Grün vorbei!» [DC-Purg 11, 91–92].
Zweitens: Großmut. Nicht Schreien, noch Gestöhn der Bitterkeit empfangen Dante und Vergil im Fegefeuer der Neidischen, nur Klage und Blindheit. Die Büßer lehnen als blinde Bettler an den Felswänden. Dante empfindet mit ihnen Mitleid und spricht zu ihnen mit erlesener Höflichkeit. Der Gesang ist erfüllt von der Sehnsucht der erblindeten Seelen und dem Zartgefühl des Dichters. Neid ist jene Gebrochenheit menschlicher Existenz, welche die Schönheit und die Einmaligkeit des Du nicht anerkennen kann, ihnen die Verehrung versagt. Um Gott – der restlosen Schönheit und Einmaligkeit – nahe zu sein, muß diese Haltung von innen her aufgebrochen werden. Neid kann nicht mehr sehen. Die Augen sind innerlich «vernäht». «Sie trugen alle Bußgewänder. Alle lehnten sich an die Wände... So stehen die Blinden, die nichts zu eigen haben, an Feiertagen bettelnd an der Straße. Und

einer beugt den Kopf über den anderen... Vom Anblick wurde mir elend» [DC-Purg 13, 58–63].
Die Gesänge 13–14 erzählen uns über das Schicksal menschlichen Neides. «Alle trugen Eisenfaden durch ihre Lider... Die Frommen preßten durch die grauenhaften Nähte ihre Tränen» [DC-Purg 13, 70–84]. Dantes Seele gerät durch diesen Anblick in Bewegung: «Ihr Klagen hat mein Gemüt ergriffen» [DC-Purg 14, 126]. Diese Menschen können nicht einmal ihre eigene Vollendung erschauen: «Der Himmel ruft euch... Er will euch seine ewige Schönheit zeigen. Und euer Auge blickt zur Erde nieder» [DC-Purg 14, 148–150]. Der Himmel selbst wirbt um den Menschen. Und er bemerkt es nicht einmal. Welche Tragik menschlicher Blindheit!
Viel Ungutes kommt vom Neid. Mancher ist arm und sieht den anderen reich ausgestattet. In irgendeiner Hinsicht spürt ein jeder, daß der andere jenes besitzt, was er selber schmerzlich entbehrt. Wer aber damit nicht fertig wird, wer sich dadurch erbittern läßt, wer einem anderen mißgönnt, was er hat, der vergiftet sein eigenes Leben. Es entsteht in ihm eine Feindschaft gegen das Leben selbst. Großmut aber kann von sich absehen, kann den anderen gönnen, was sie selbst vielleicht bitterlich entbehrt, vielleicht sogar sich freuen, daß der andere so groß und so schön ist. Gott hat dem Menschen das Sein in der Welt in die Hände gegeben. Unsere Großmut erlaubt den anderen, zu sein, die sie sind: größer als wir selbst, vom Innersten her zu «sein». Großmut stellt das Du in seine Freiheit. Dieses Du soll groß genug werden, Gottes Ebenbild zu sein. Durch Großmut erwacht in uns der Wille, daß unser Du möglichst viel Sättigung erfahre, jegliches Glück, das ihm zuteil werden kann. Desgleichen fordert

die Großmut nicht, daß der andere sich dem unterwerfe, was in uns ist. Der Hochgemute hat den Willen, Abbild göttlichen Gutseins zu werden, jedem Wesen seine eigene Vollendung zu wünschen. Großmut hat somit die sammelnde Kraft, die Menschen zu Gott zu führen: «Geh ein in die Freude deines Herrn» [Mt 25, 21]. Dies allen Menschen zu wünschen, darin besteht wesenhafte Großmut. Wiederum gilt es: Nicht aus Strafe müssen wir unseren Neid büßen, sondern deshalb, damit wir Gottes Größe erfahren können, damit unserem Herzen Gott offenbar wird. Von da aus – von dieser fröhlichen Selbstlosigkeit, die Großmut bedeutet – führt unser Weg zu Gott durch das, was Dante im 15.–17. Gesang das «Purgatorio» andeutet:

Drittens: Milde. Dante erschaut im Bild des Erzmärtyrers Stephanus die Gestalt menschlicher Eigentlichkeit: «Dann sah ich Leute, die im Zornesfeuer mit Steinen einen Jüngling bewarfen. Sie schrien einer dem anderen zu: Er wird erschlagen! Und ich sah ihn sich neigen, schon im Tode... nieder auf die Erde. Doch waren seine Augen dem Himmel offen. Er bat den höchsten Herrn in solchen Nöten, er möge seinen Peinigern verzeihen» [DC-Purg 15, 105–113]. Ein Engel erscheint Dante unmittelbar: «Ich fühlte wie ein Flügelschlagen, ein Wehen im Gesicht und die Worte: Selig, die schlechten Zornes nicht sind» [DC-Purg 17, 67–69].

Was vermag der Mensch aus seinem eigenen Willen in den anderen zu wirken? Sein böses Wollen kann Menschen zerstören. Seine Angst kann viele vergiften. Sein Begehren kann vergewaltigen. Der Mensch soll sich prüfen, wenn er solches tut. Jesus suchte immer nur den Menschen und stellte diesen vor Gott. Es ging ihm um die

Ausgeschlossenen und Ehrlosen, um jene, die geächtet waren und denen niemand half in ihrer Not. Er suchte das, was verloren war. Alle hat er angeredet. Niemals wollte er die Demütigung der Menschen. Das war die «Torheit Jesu» : Die Armen und Ausgeschlossenen zu sich zu rufen. Es war eine schöpferische Liebe, die in Jesus waltete. Die erste Wirkung Gottes in den Dingen dieser Welt ist, daß er ihnen sagt: Sei. Sei dein eigenes Selbst. Gottes schöpferische Milde ist der Raum, in dem wir existieren. Der anständige Mensch fühlt sich deshalb angerufen, alles Wehrlose zu achten. Er hält vor der Hilflosigkeit inne, wird durch die Nähe eines leidvollen Schicksals berührt, gibt sich ihm preis.

Wir brauchen heute Menschen, die das Wagnis auf sich nehmen, mild zu sein. Die nicht Böses mit Bösem vergelten. Die Hoffnung für die anderen sind. Menschen, die Worte der Vergebung für die anderen finden. So ist die Milde mehr als ein wenig «Stimmung». Sie ist Auftrag. Gott will, daß wir unser Leben als das Dasein Christi vollziehen, daß wir eingehen in den Nachvollzug der Gesinnung Christi, in eine Haltung, die stille Aufmerksamkeit für das ganze Leben war, Liebe zum Leben.

«Einfältig ist die Seele und nichtsahnend. Nur daß sie, ihrem frohen Schöpfer folgend, sich gern zu den Dingen, die sie erfreuen, wendet und Geschmack findet an kleinen Gütern» [DC-Purg 16, 88–91]. Und so bliebe – nach Dante – für die ganze Schöpfung die Hoffnung, daß einmal über alles Sein die Milde walten wird: «Niemals wird ein Wesen sich gegen die Liebe auflehnen können... Nie wird ein Wesen endgültig nur hassen können. Und da auch niemals jemand vom ersten Wesen ganz abgeschnitten ist und nie bloß sich selbst überantwortet, so ist das

Geschöpf niemals nur Haß» [DC-Purg 17, 106–111]. Deshalb darf der Mensch nie derart den «Mut zum Sein» verlieren, daß er sich gänzlich auf sich selbst zurückgeworfen empfindet. Diesem «Mut zum Leben» ist der 18. Gesang des «Purgatorio» gewidmet. Die Aussage verdichtet sich in der Forderung:

Viertens: Freude. Freude am Sein soll die Lebensatmosphäre des Christen bleiben. Die innere Trägheit oder Gleichgültigkeit – der Dante hier den Kampf ansagt – ist im Grunde ein kalter und dauerhafter Haß gegen das Lebendige der Welt und des eigenen Seins. Für die Zukunft des Menschen und all dessen, was in der Welt schön und beglückend ist, muß der Mensch aus seiner Lethargie erwachen, sich «aufraffen». Es geht notwendig auch um ihn selbst, wie auch eben um jeden und jedes. Wenn der Mensch meint, weder für sich noch für irgend jemand oder irgend etwas Gefühl und Begeisterung aufbringen zu können, so müßte er doch bedenken, daß es notwendig um etwas Heiliges, um sein geheiligtes Gefühl für das eigene Ich, geht.

Dante scheint ihm zu sagen: Wenn du noch lebendig bist, so erwecke noch mehr Leben in dir. Wenn du schläfst, so erwache. Wenn du tot bist, steh auf von den Toten! Suche die besten, schönsten Erinnerungen in deinem vergangenen, heute vielleicht erloschenen Leben zusammen! Nimm dein Sehnen, dein Gebet, deine Liebe und wirf all das in die Waagschale des Lebens und der Freude! Von allen Narrheiten, die der Teufel uns eingibt, ist eine die verderblichste: «Das Leben ist langweilig.» Die Seele des Menschen ist für die göttliche Freude geschaffen.

Liebst du die Langeweile, dann bist du dem Nichts zugewandt. Liebst du aber das Leben, liebst du das Glück, liebst du die Liebe, dann gehst du Gott entgegen. Der Teufel ist der Fürst des Überdrusses. Gott dagegen der Herr der Freude. Es ist wahr: Oft scheint alles in uns zum Überdruß geworden zu sein. Alle Eindrücke stumpfen sich nach und nach ab. Es gibt aber Menschen – Gott hat sie so erschaffen und uns als Vorbild in das Leben geschenkt –, für die Freude, Tapferkeit, Lust am Sein und Ehre eins sind. Solche Menschen empfinden überall die Herausforderung des Lebens und fühlen sich verpflichtet, ihr standzuhalten. Es mag einer körperlich nicht besonders stark sein. Vielleicht ist er leidensfähig und wird daher von äußeren wie inneren Widerfahrnissen empfindlich getroffen. Trotzdem steht er fest. Geht ruhig voran. Begegnet dem Geschehen ohne Furcht. Darin zeigt sich der innere Adel des Menschen. Freilich auch seine Vorbestimmung für das Schwere des Schicksals, für jenes Schwere berufen zu sein, in uns die Freude aufrechtzuerhalten.

Es wäre hier vielleicht angebracht, Christi Einstellung zum Leben zu betrachten, sie dem Gemüt nahe kommen zu lassen. Es ist mir oft klargeworden, welchen Mut zum Leben, welch innere Tapferkeit er seinem Schicksal entgegenbrachte und welche Freude in seinem Herzen brannte. Er hat den Zustand der Welt in Wahrheit gelebt, ihn auch restlos durchgestanden. In der Stunde von Gethsemane ahne ich, was das für ihn bedeutete. Wenn man sich in all das hineindenkt, mag es einem schaudern vor dem, was da heißt, «Mut dem Leben entgegenzubringen». Da wird deutlich, was innere Lebendigkeit bedeutet: Die Haltung, die immer neu ihr «Dennoch» sagt und – trotz allem, was im Leben als sinnlos erscheinen mag – den Kampf gegen die Traurigkeit aufnimmt. Der Versuch, ein Christ zu sein, heißt, von dieser Haltung Christi unsere Stimmungen beherrschen zu lassen, selbst dann, wenn wir allen Grund hätten, mutlos und verzweifelt zu sein. Wenn man Christi Freude nur ahnen könnte – diesen Abgrund des Gutmeinens und der Fröhlichkeit –, dann wäre man froh, ein Leben lang.

Dante beschreibt die Haltung der Menschen, die Gott entgegenstreben, folgendermaßen: «Menschen kamen mir entgegen... vom guten Willen gedrängt und von rechter Liebe... Die ganze Schar lief schnell, wie Pfeile. Vorne waren zwei, die immerfort riefen: Maria lief in Eile nach dem Berge... Schnell, schnell – so riefen sie –, wir sollten keine Zeit verlieren durch schwache Liebe... Gute Sehnsucht läßt die Gnade blühen.» Da sagte Dante zu sich: «Da ich das hörte, ward ich – müder Träumer – meiner Schläfrigkeit entrissen» [DC-Purg 18, 87–105]. Von woher kann aber einem Menschen dieser gute Mut zum Leben einströmen? Hier findet Dante eine zutiefst richtige, für viele von uns heute aber eine «merk-würdige» Antwort: Von der Armut her. So heißt die fünfte Forderung:

Fünftens: Freigebigkeit. Wenn du dem «Gott aller Gnade» nahe kommen willst, mußt du vollkommen freigebig sein. Dante setzt seinen Aufstieg traumwandlerisch fort in das «Purgatorio der Geizigen». Diese sind mit ihrem ganzen Sein der Erde verhaftet: «Ich sah Menschen, die in Tränen lagen, am Boden ausgestreckt, den Blick zur Erde. Dem Boden ist verhaftet meine Seele – so hörte ich sie rufen... Niemand kann zu jenem Leben hinaufsteigen, das ganz aus Liebe besteht,... wenn er ganz in seinem Geiz lebt und so ferne von Gott... Deshalb bin ich jetzt ausgestreckt, ohne Regung... Durch mein

Weinen reife ich aber Gott entgegen» [DC-Purg 19, 71–141].
Die Gesänge 19–20 des «Purgatorio» sind die ergreifendsten und zugleich die höflichsten in Dantes ganzer Dichtung. Dante gibt uns zu verstehen: Nicht darin besteht das Glück des Menschen, daß er alles an sich reißt. Vielmehr ist die ganze Botschaft des Evangeliums darin enthalten, daß Gott zu uns sagt: «Wer in der Liebe bleibt, der bleibt in Gott und Gott weilt in ihm» [1 Jo 4, 16]. Liebe ist Gottes Geist. Wir können diese Wahrheit nie konkret und real genug nehmen. In unserem Dasein geht es vornehmlich darum, daß die Liebe Gottes in uns «wirklich» wird: wirkend und wirksam. Deshalb heißt es im ersten Johannesbrief nüchtern: «Wer irdisches Vermögen hat und den Bruder darben sieht, sein Herz vor ihm verschließt, wie soll in ihm die Liebe Gottes bleiben»? [1 Jo 3, 17]. Wer nicht «frei-gebig» ist, der ist nicht aus Gott gezeugt, ist nicht Gottes Art.
Der Anspruch einer solchen Liebe ist streng. Der Mensch muß lernen, daß es im Wesentlichen nicht darauf ankommt, daß wir uns selbst und unsere Interessen in der Welt durchsetzen, sondern daß der jeweils Nächste – der Mensch neben mir – bei mir einen Lebensraum findet, daß er aufatmen und gedeihen kann, daß er endlich «er selbst» sein darf. Diese «Spiritualität eines neuen Menschen» besteht in der Überzeugung, daß der Mensch den Bruder «heiligen» kann, daß er ihn selbst mächtig werden lassen muß durch die Selbstlosigkeit seiner Liebe. Um dies tun zu können, soll der Mensch – Dante sagt es uns im 21.–24. Gesang des «Purgatorio» – jene Art leben, der er den Namen gibt:
Sechstens: Selbstbeherrschung. Im Grunde bedeutet Selbstbe-

herrschung: Sauberkeit der Gesinnung. Ich kann nicht recht glauben, daß der Mensch von sich aus Böses, Unreines erstreben kann. Die Gewalt des Guten scheint ihn ganz zu beherrschen. Und so wird wohl der Haß die Liebe nie ganz besiegen können. Mag das Böse sich noch so vervielfachen, niemals wird es das Gute in uns aufzehren können. Sich selbst zum Guten zu «beherrschen», das ist die Haltung, in der die Schöpfung in uns ihrer Vollendung entgegenstrebt, in uns gütig wird.

Wie sieht das geistige Leben eines solchen Menschen aus? Richtiger ausgedrückt: Wie müßte es aussehen, wenn es unserer menschlichen und christlichen Berufung ganz entsprechen würde? Gott will von uns wohl keine «Absage an die Welt», sondern eine «Hingabe in der Welt», an die Menschen und so gerade an Gott. Wir brauchen nur das Wort «Selbstbeherrschung» beim Wort nehmen. Dann besagt es nichts anderes, als «Herrschaft über sich selbst», ein kompromißloses Erfüllen von alldem, was Liebe und Selbstlosigkeit bedeuten. Je intensiver der Mensch das Leben erfährt – in seiner Not und in seinem Glück –, um so «ungeteilter» möchte er sein, weil dieses Leben da so liebebedürftig ist. Die größte Wohltat, die der Mensch der Welt und den anderen Menschen erweisen kann, ist wohl dies: Ohne Vorbehalt und ohne Hintergedanken zu leben, restlos für die anderen da zu sein.

«Brüder, gebt euch Frieden» – so lautet die Forderung Gottes an unser Menschsein [DC-Purg 21, 13]. Frieden kann aber nur ein Mensch schenken, «dessen Brust immer brennt nach Liebe» [DC-Purg 24, 150–154]. Um dieser Haltung würdig zu sein, lädt uns Dante ein, nochmals durch das Feuer der Reinigung zu gehen, ganz Hingabe zu werden. Das bedeutet:

Siebtens: Reinheit. Die christliche Grundhaltung zum Leben besagt: Alles verlassen, auf alles verzichten [von jedem Zuhause Abschied nehmen], was uns nicht zum Dienst eines höheren Lebens trägt. Reinheit will nur, daß wir ungehindert da seien für die Liebe, für das Du: Nicht um sich wissend, selbstlos, Leben schenkend. Von dieser Haltung spricht uns Dante in den abschließenden Gesängen des «Purgatorio» [25.–27. Gesang]. Es werden da seliggepriesen, die lauteren Herzens sind. Diese Reinheit meint aber nicht nur das Freisein von den Trübungen der Sinne, sondern die Lauterkeit des Inneren überhaupt, den guten Willen vor Gott und vor den Menschen.
Von solcher Gesinnung sagt Christus, daß sie Gott «schaue». Denn Gott zu erkennen ist nicht die Sache des bloßen Verstandes, sondern der Lebendigkeit des Blickes. Ist dieser Blick klar, ist das «Auge rein», so wird auch das Herz rein sein, denn der Ursprung menschlichen Schauens liegt im Herzen. Um Gott zu erkennen, hilft es nicht viel, den bloßen Verstand anzustrengen. Das Herz muß lauter werden. Was bedeutet das?
Unser Geist wird noch nicht «unrein», wenn er irrt, wenn er Begriffe mißversteht, wenn er Bilder verwirrt. Wohl aber: Wenn er nicht mehr den Willen hat, zu sehen, was ist. Wenn er den Sinn der Dinge und des Daseins «verschmutzt», ihnen ihren Adel nimmt durch Wort und Tat. Wenn er nicht mehr weiß, daß die Ehre der Wahrheit seine eigene Ehre ist. Darüber müßte ich im Grunde hier und überhaupt in der heutigen Welt noch vieles sagen. Denn: Von der Unreinheit kann der Mensch krank werden, ganz anders krank, als durch Unfall oder Ansteckung. Der Geist kann krank werden von seinem Verhältnis zur Wahrheit her: Wenn er die Wahrheit als solche

aufhebt, oder von ihr läßt, oder sie einem Zweck unterordnet, oder sie vernebelt.

Die Gewähr für die Reinheit des Geistes ist die Anbetung Gottes. Solange der Mensch Gott anbetet, solange er sich vor Gott neigt, bleibt er innerlich heil und gesund. Wie der Mensch nun einmal ist – das Verletzlichste und Verführbarste im Sein –, bedarf er einer Hut. Es muß etwas geben, an dem das Herz des Menschen sich immer wieder erneuert, der Geist sich reinigt, der Blick sich klärt. Gerade das ist die Anbetung. Es gibt nichts Wichtigeres für den Menschen, als daß er lerne, sich mit dem ganzen inneren Sein vor Gott zu neigen, ihm Raum zu geben, jenen unendlichen, den er verdient. Daß er innerlich vollzieht, daß Gott der Anbetung würdig ist, unendlich und restlos. Niederknien und sich vergegenwärtigen, daß Gott ist und herrscht, daß er würdig ist, alle Macht zu haben, würdig ist, Gott zu sein. Vielleicht entdecken wir eine große Seligkeit in diesem Gedanken, daß Gott würdig ist, Gott zu sein! Heilige haben sich über diesem Gedanken vor Liebe «verbrannt». Das Herz braucht aber oft keine Worte, sondern neigt sich nur, erfüllt von Ehrfurcht. Es kann auch sein, daß wir stumpf und widerwillig sind. Dann ist es schon etwas, wenn wir uns vor Gottes Gegenwart stellen und eine Weile für ihn «da» sind. Solche Augenblicke werden tief in unser Leben hineinwirken, es innerlich fruchtbar machen.

«So wie wenn die ersten Strahlen erzittern... so stand die Sonne über uns... und ein Engel Gottes nahte uns freudig... mit dem Gesang: Beati mundo corde; Selig, die reinen Herzens sind!... Ich drang vorwärts, zum Licht blickend... Eine Stimme führte voran: Venite, benedicti patris mei; Kommt, Gesegnete meines Vaters... Sie klang wie aus einem Lichte... Von nun an – da du rein bist – erwarte kein Wort, kein Zeichen. Frei, recht und gerade bist du. Es wäre Sünde, wenn du deinem Willen nicht folgtest. Darum kröne ich dich – mit Mitra und Krone – zu deinem eigenen Herrn» [DC-Purg 27, 1–138].

Demütiger, sich der Großmut verpflichtender, milder, in der Freude lebender, freigebiger, sich selbstbeherrschender und reiner Mensch! Ich sollte meinen Herrn bitten, daß er mir die Gnade gewährt, dieses unerhört Neue, das mit ihm in unsere Existenz eingebrochen ist, in meinem Leben immer deutlicher zu spüren und ihm überall, wo es auf mich ankommt, zum Durchbruch zu verhelfen. Solche Menschen sind es, die Gottes Gegenwart in der Welt darstellen. Dazu bedarf es vor allem der Heiligkeit des Tuns. Heilig wird der Mensch wohl nicht in erster Linie dadurch, daß er «Fachmann in göttlichen Dingen» wird, sondern durch den selbstlosen Dienst am Nächsten im Alltag. An jenem Nächsten, der bis dahin sagen mußte: «Ich habe keinen Menschen!» Wer hinausgeht und einen armen Menschen sucht, einen, dem sonst niemand zuhört, ein solcher Mensch – sei er ein Christ oder ein Heide – wird das Wort Christi hören: «Du bist ein Gesegneter. Ich habe dir seit Anbeginn der Welt ein Reich bereitet. Du warst ein Christ.»

ANEIGNUNG

Augustinus

Will man vom Wesen her denken, so muß man mit jener Wahrheit, die man erforscht, in eine derart innige Beziehung kommen, daß wirkliche «Aneignung» [das Wort und der Begriff stammt von Sören Kierkegaard] geschieht. Zur Aneignung braucht man aber meditatives Denken, innere Ruhe und wahrscheinlich viel Gebet. Wichtig ist dabei noch: Im Prozeß der Aneignung muß man sich notwendigerweise Fragen stellen, wie: «Wenn diese Aussage wahr ist, wie kann ich so weiterleben wie bis jetzt?» – «Wie kann ich diese Wahrheit tun?» – «Was muß in meinem Leben anders werden?» – «Was für Konsequenzen muß ich aus dieser Einsicht für meine eigene Existenz ziehen?» Es sind also *die radikal existentiellen Fragen,* die dabei in erster Linie auftauchen.

Auch ist *die Sprache der Entscheidung und des Entschlusses* die einzige, auf die sich Gott mit einem Christen [auch im denkerischen Bereich] einläßt. Man kann eine Wahrheit nicht ohne weiteres auf einen interessanten Spaziergang mitnehmen und unter einem Baum mit ihr ein wenig plaudern, um dann zur rechten Zeit wieder daheim zu sein. Die Wahrheit selbst ist Eingang, aus dem es kein Zurück mehr gibt. Jede andere Denkart und Einstellung wäre unredlich, somit aber auch unchristlich. Es gibt nur diese eine Art des «Denkens in der Begegnung», das irdisch bestehen kann. Wesenhaftes Denken sprudelt aus einer Innerlichkeit hervor, und für seine Wahrheit bürgen kann nur ein Mensch, der von ihr ergriffen ist.

Ich habe auf diesen Seiten oft versucht, in die Zeit zurückzugreifen, zu Stunden der ersten Ergriffenheit zurückzukehren. Weit, weit zurück. Es geschah mir oft, und es geschieht mir auch jetzt, wie es Ernst Wiechert erging. Zum Geleit seiner autobiographischen Schriften schreibt er: «Manchmal, wenn ich vorlese in großen Städten und besonders in fremden Ländern, widerfährt es mir, daß ich den Gang entlang blicke, der von meinem Pult zwischen den Menschen an das Ende des Saales führt. Und dann wird er plötzlich vor meinen Augen immer länger, so wie eine endlose Straße, die zwischen dunklen Büschen bis an den Rand der Erde läuft. Und dort hinten, wo die Ränder zusammenfließen, sehe ich mich dann stehen, wie ich einmal war: ein Kind, barfuß, den Hirtenstab in der Hand, das mit seiner Herde auszieht, um seine Welt zu erobern.»

Zum Walten der göttlichen Gnade gehört es nun, den jeweils einzelnen auszuwählen und sich um ihn zu sorgen, als hätte es nur diesen einzelnen gegeben: «Du, Gütiger und Allmächtiger, du trägst Sorge um jeden von uns, als sorgtest du nur für den Einen» [Conf 3, 11; 19]. Für diesen Ausspruch – da ich jetzt gerade zurückdenke – muß ich *Aurelius Augustinus* und seinen «Bekenntnissen» für immer dankbar sein.

Ich empfand *die innere Gestalt* des großen Afrikaners von Anfang an als die Nähe eines Bruders oder eines Freundes. Augustinus war für mich nie ein Wesen besonderer Art oder von fremder Beschaffenheit. Wahrscheinlich deshalb, weil auch er das Menschliche in seinen irdischsten Formen gekannt hat. Aber Elend, Schwächen, Zweifel und Ängste vermochten seine glühende Suche nach Gott nicht aufzuhalten. Überall suchte er Gott. Sein langer Irrweg hat sich durch alle Bahnen gezogen, über alle Pfade, alle Straßen, alle kleinen, abwegigen Gassen unserer Existenz. Sein Dasein mit seinen dramatischen Umbrüchen, Verirrungen und Aufstiegen war ein von Gott gemeisterter Stoff. Darin war auch er ein von Gott gejagter Mensch: «Du hast deine Hand ausgestreckt nach mir» [Conf 3, 11; 19]. «Du, der du denen auf der Ferse bist, die vor dir fliehen» [Conf 4, 4; 7]. «Mit inneren Stacheln triebst du mich, daß ich ungeduldig war, bis du mir mit innerer Schau gewiß warst» [Conf 7, 8; 12]. Und dann die unvergänglichen Worte: «Denn zu dir hast du uns geschaffen, und ruhelos ist unser Herz, bis es Ruhe findet in dir» [Conf 1, 1; 1]. Der Mensch ist entlassen von Gott in das wirkliche Sein. Er ist freigegeben zum Stehen in eigener Mitte und zum Gehen mit eigenem Schritt. Doch ist er in sich selbst noch nicht fertig. Die Gestalt seines Daseins ist die des Bogens, der ins Begegnende hinübergeworfen ist. Endgültig hat sich der Mensch erst «gefunden», hat sich in seiner vollendeten Gestalt erschaffen, indem er zu jenem Du gefunden hat, zu welchem Gott selbst sich dem Menschen gesetzt hat. Das Gesetz menschlichen Daseins ist die innere Unruhe seines geballten Wesens [seines Herzens]. Diese Unruhe ist Ausweis Gottes in der menschlichen Existenz und Zeugnis seiner Macht über das Menschenherz. Wie wahr ist diese Erfahrung und von welcher Tragweite für das Verständnis meines eigenen Lebens, aber auch der Urvorgänge menschlicher Existenz überhaupt! Ich spürte dumpf und dunkel immer schon diese wesenhaften Vorgänge in mir selbst. Dann kam Augustinus und stellte alles mit seiner

kristallklaren Formulierung als ewig-gültige Erkenntnis hin. Woher hatte er diese Kraft des Durchdringens?
Ich vermute folgendes: Im Leben Augustins ging es überall und immer *um Liebe und nochmals um Liebe*. Auch die Wahrheit war für ihn Gegenstand der Liebe, etwas also, das nicht durch den theoretischen Verstand erreicht werden kann, nicht nur diesen erfüllt, sondern zugleich das Herz wärmt: Milde, Schönheit, Zärtlichkeit, Sättigung. Als Grund und Urereignis der Liebe ist Gott dem Menschen gegenwärtig: «Selig, wer dich liebt und den Freund in dir und den Feind um deinetwillen. Denn der allein verliert keinen Teuren, dem alle teuer sind in dem, den man nicht verlieren kann» [Conf 4, 9; 14].
Erst diese Einstellung zum Sein befähigte Augustinus, in die letzte Tiefe der Wirklichkeit einzudringen, sie in ihrer Ganzheit ganzheitlich zu erfassen. Im zehnten Kapitel des siebten Buches der «Bekenntnisse» gelangt Augustinus zur entscheidenden Erkenntnis von dem, was Menschsein bedeutet: Mensch ist jenes Wesen, das *Gott in seinem eigenen Leben erschauen*, empfinden und in lebendiger Entscheidung mit dem Herzen bejahen kann. Jenes Wesen, das Gott nicht nur mit dem abstrakten und theoretischen, sondern im leibverbundenen, blutnahen Geist erfahren kann. Gott ist Licht. Er wird erkannt nicht in unbeteiligter Gegenständlichkeit, sondern aus dem eigenen Dasein, in der Ich-Du-Bezogenheit. Das unwandelbare Licht ist Wahrheit, aber eine solche, daß seine Erkenntnis von der Liebe abhängt: «Wer die Wahrheit kennt, der kennt es, und wer es kennt, kennt die Ewigkeit. Die Liebe ist es, die es kennt.» Gott wird «vernommen, wie man mit dem Herzen vernimmt». In der letzten Tiefe seiner Seinsbestimmung ist der Mensch jenes Wesen, das

ausrufen kann: «Du, ewige Wahrheit und wahre Liebe, und liebe Ewigkeit! Du bist mein Gott! Zu dir atme ich Tag und Nacht» [Conf 7, 10; 16].
Solche Erkenntnisse setzen eine *ausserordentliche Sensibilität* voraus. Augustinus war erfüllt von einer intensiven, lange nachwirkenden Erregbarkeit. Auch darin erlebe ich ihn immer mehr als Freund und Bruder. Ich denke dabei an die Schwere des psychischen Traumas, das die Kindheitserinnerungen in ihm hinterlassen haben [Conf 1, 9; 14–15]. Noch der zweiundsiebzigjährige Bischof schreibt in seinem «Gottesstaat»: «Wer würde nicht mit Entsetzen zurückfahren und lieber den Tod wählen, wenn man ihm die Wahl zwischen dem Tod und einer Rückkehr in die Kindheit anböte» [Civ Dei 21; 14].
Diese Empfindsamkeit wurde bei Augustinus durch eine *dauernde Introspektion* und seelische Zergliederung gesteigert. Die feinsten, kaum bemerkbaren Vorgänge der Seele rufen in ihm eine innere Erschütterung hervor. Am ganzen Horizont dieser Erfahrungssensibilität steht bei ihm zunächst nur Gott und die eigene Seele: «Gott und die Seele – sonst gar nichts» [Soliloq 1, 2; 7]. Mit ungewöhnlicher Reflexionsfähigkeit erfaßt er das Tiefste der Existenz in einem zwischen Gott und der Seele sich abspielenden Drama: «Du, Herr... du zogst mich hinter meinem Rücken hervor, wo ich mich hingelegt habe, um mir nicht ins Gesicht zu schauen und stelltest mich vor mein Angesicht» [Conf 9, 1; 1]. Die inneren Erlebnisse können das ganze Dasein dieses heißblütigen Berbers erschüttern. Er berichtet von seinem Suchen: «Fiebernd suchte ich»... «in Qualen des gebärenden Herzens»... «in schweigender Not meines Geistes»... «brüllte ich»... «meine Seele war in Aufruhr»... «nirgends war für mich freies Atem-

holen»... «mein geschwollenes Gesicht schloß mir die Augen zu» [Conf 7, 7; 11]. «Stummes Erzittern blieb in mir»... «mehr als die Worte, die ich hervorstieß, sprachen Stirn und Wange und Auge und die Farbe des Gesichtes von meiner Gemütsverfassung»... «der Sturm meines Herzens trieb mich»... «zu meinem Heil fing ich an, zu rasen»... «ich knirschte im Geiste und empörte mich in wildester Empörung» [Conf 8, 7; 18 – 8, 8; 19]. Das sind alles nur hingeworfene Sätze, ja Halbsätze von schärfstem Umriß, zum Zerreißen gespannt und von ungeheurem Gefühl. Ich merke hier, daß Augustinus *zum Wege der totalen Hingabe* mit Leib und Seele berufen war, und auch was das für ihn bedeutete: «Aufsteigen will ich zu ihm, hindurch durch meine Seele. Und hinausgehen will ich über meine Kraft» [Conf 10, 7; 11 und 10, 17; 26]. Hier ereignet sich – ich sehe es genau und mit Erschrecken – eine ganzheitliche Einforderung menschlichen Seins von der Gnade Gottes her und ein totales Sich-Hineinhalten des Menschen in die Wahrheit einer absoluten Liebe.

Hier, in den «Bekenntnissen» erhebt sich zum ersten Mal die *christliche Subjektivität*. Eine unerhörte, heute noch erschütternde Kraft der Selbstreflexion ist bei Augustinus am Werk. Man spürt den alles durchwehenden Atem der Abgründe des Menschseins. Was Wunder, wenn Augustinus sich sehr isoliert fühlte. Es ist bei ihm die Einsamkeit der Größe. Daraus erklärt sich, warum er so verhalten, ja schüchtern war. Nur zwei Beispiele nenne ich: Er versuchte öfters, Ambrosius in Mailand zu sprechen. Er betrat den allen zugänglichen Empfangssaal, fand den Bischof allein, schweigend mit Lesen beschäftigt, lange zögerte er und ging dann weg. Und dies wiederholte sich mehrere Male. «Wir waren oft zugegen, denn niemand war der Zutritt verwehrt, noch war es üblich, ihm Besuche anzumelden... So saß ich geraume Zeit schweigend da – denn wie hätte man es auch gewagt, ihm lästig zu fallen –, dann ging ich weg und machte mir meine eigenen Gedanken» [Conf 6, 3; 3]. Eine andere Begebenheit, die von seiner Schüchternheit Zeugnis ablegt: In den «Bekenntnissen» berichtet er über die Abhandlung «De Magistro», die er mit seinem sechzehnjährigen Sohn, Adeodatus, gemeinsam verfaßt hatte [Conf 9, 6; 14]. Darin analysiert er mit feiner Tiefe die Schwierigkeit, die er empfindet, wenn er mit einem anderen Bewußtsein in Verbindung treten und es verstehen muß. Gerade diese Schüchternheit war aber gleichzeitig auch der Grund – und ich kann diese seltsame Erfahrung nur bestätigen aus meinen eigenen, oft schmerzhaften Erlebnissen – einer ausnehmend großen Fähigkeit zur Freundschaft, ja einer gewaltigen Macht der Verführung. Vom Reichtum des Herzens von Augustinus zeugen Treue und Innigkeit so vieler Freundschaften, die ihn durch ein ganzes Leben begleitet haben: Schüler und Anhänger, die später – wie er selbst – Mönche und Bischöfe geworden sind. Eine gefährliche Begabung übrigens: Wie viele Freunde hat Augustinus während zehn Jahren seiner Irrung in die Düsternisse des Manichäismus gerissen.

Diese skizzenhafte Zeichnung des geistigen Antlitzes von Augustinus wäre unvollkommen, wenn ich nicht auch seine *schweren Charakterfehler* überdenken würde. Hier denke ich nicht so sehr an sein ausschweifendes Leben und an das Konkubinat, in dem er sechzehn Jahre lang lebte. Nein, diese ungesetzliche Liebe war von beiden Seiten von einer rührenden Treue begleitet und in einem feinen, seelisch hochentwickelten Sohne aufgeblüht. Ich bin geradezu geneigt, die feine Zurückhaltung und die Innigkeit dieser Verbindung zu preisen, die dann die Mutter Augustins, Monika, mit einer vielleicht frommen und rechtschaffenen, aber auch verwundenden Härte zerschlug. Bei der Trennung legte sie – die Unbekannte und für ewig ungenannt Bleibende – vor Gott die Gelübde ab, Augustinus bis zum Tode treu zu bleiben. Augustinus berichtet über seine eigene Empfindung: «Man hatte mir die Genossin meines Lagers... von der Seite gerissen, sie, die mir ans Herz gewachsen war, und von Schnitt und Wunde vergoß dies Herz von seinem Lebensblut» [Conf 6, 15; 25]. Nicht an all das denke ich, wenn ich von den Fehlern Augustins spreche. Sondern: Dieser Mensch war sehr stolz, ja hochmütig. Er war äußerst empfindlich Beleidigungen gegenüber. Hieronymus nannte ihn einmal einen «kleinen Emporkömmling». Augustinus blieb lange verstimmt, auch nachdem Hieronymus den unglücklichen Zwischenfall bereinigt hatte. Auch war er innerlich auf Lob, ja vielleicht auf Schmeichelei angewiesen. Jedenfalls war es ihm sehr wichtig, was andere Menschen von ihm und von seinen Leistungen dachten. Und dies lange nach seiner Bekehrung.

Wir dürfen freilich Aurelius Augustinus gegenüber nicht zu hart sein. Vor allem dürfen wir nicht vergessen, *wie isoliert* dieser äußerst empfindsame und verletzbare Mensch sein Leben lang war. Seine Ausbildung war mittelmäßig, die eines kleinen Lehrers in Afrika. Seine Philosophie weist weitgehend autodidaktische Züge auf. Er hatte die damalige Hochkultursprache, das Griechische, nie erlernen können. Er war Bewunderer eines mittelmäßigen Popularisators, Ciceros, von dem er den ersten entscheidenden Anstoß zum inneren Leben erhielt [durch die Lektüre des «Hortensius»]. Ein Leben lang mußte er sich [mit Ausnahme von Pelagius] mit unbekannten, scharlatanhaften Gegnern herumschlagen. Ich muß auch bemerken, daß er sehr einsam war mit seiner Gedankenwelt und mit seiner erdrückenden Arbeit, immerzu um sich kreisend. Bis zu seinem Tod arbeitete er nie anders als inmitten des widrigen und auch widerlichen Gesumms persönlicher und kirchlicher Feinde. Diese «Fliegen» – wie er sie einmal nannte – haben es soweit gebracht, daß der größte Teil seines Werkes die Form der Apologetik trug. Welche Erbitterung gegen seine Feinde, aber vielleicht noch mehr gegen sich selbst und sein eigenes Schicksal sprechen aus den Worten: «Sie greifen uns an und reden vieles, was sie wissen, vieles auch, was sie nicht wissen. Was sie kennen, ist unsere Vergangenheit. Denn wir waren einst – wie der Apostel sagt – töricht, ungläubig und jedem guten Werk widerspenstig. In sündhaftem Irrtum waren wir von allen guten Geistern verlassen. Wir leugnen es nicht. Und je weniger wir unsere Vergangenheit verleugnen, desto mehr loben wir Gott, der uns verziehen hat. Warum also, Häretiker, verschiebst du den Fragepunkt und greifst mich selber an? Was bin ich schon? Ja, was bin ich? Bin ich etwa die Kirche? Bin ich etwa das Erbe Christi, hingegossen durch alle Völker? Ich bin zufrieden, in der Kirche zu sein» [Enarrationes in Psalmos. Ps 36, III; 19].

Wie auf ein Mahnmal für das eigene Leben stoße ich hier auf *die furchtbare Tragik* dieses Menschenlebens, auf die Tragik, in die ich heute immer mehr gute Menschen hineinstürzen sehe, auf die Tragik der Selbstgerechtigkeit, auf das dunkle Schicksal des Alles-besser-wissen-

Wollens. Steht dieses Schicksal notwendig auch uns allen bevor? Ich bete zu Gott, daß wir dem nie unterworfen werden. Augustinus, dieser zur Sympathie und Unabhängigkeit geborene Geist, ließ sich auf diesen tragischen Weg zwingen.

Die Themata seiner Schriften, seines geistigen Ringens wurden ihm von seinen Feinden auferlegt. Er stand gleichsam mit dem Rücken zur Wand und war gezwungen, seine Formulierungen, ja, manchmal sogar seine Gedanken zu überspitzen. Dieser Übertreibungen wegen wurde er in der späteren Geschichte des Abendlandes zum Anlaß fast aller Schismen und Häresien, oder tragischer und gefährlicher Geistesrichtungen. In den letzten, umdüsterten Jahren seines Lebens wollte ihm nichts mehr richtig gelingen. Er hatte in seiner Polemik nicht mehr die glückliche Hand und vermochte nicht mehr die richtige, christliche Einstellung zum Gegner und den demütig-verhaltenen, vornehmen Ton zu finden. Harte, teils überspitzte Formulierungen und Gedanken über die Souveränität der Gnade, über das Ärgernis des Kreuzes und über die Verwerflichkeit der «Fleischeslust» stempeln ihn zum düsteren Moralisten und zum Theologen des Sündigseins und des menschlichen Elends. Kaum hatte er Kunde von der Veröffentlichung eines gegnerischen Buches erhalten, so reagierte er schon mit unerwarteter Promptheit – derartige Reaktionen überraschen bei einem Mann, der sonst alles geduldig erarbeitet und in dem alles tief nachklingt –, seiner selbst sicher [vielleicht: allzu sicher] und ungeduldig auf den Kampf, lauert er den Widersachern auf, stürzt sich in die Entgegnung, diktiert und veröffentlicht eine Widerlegung, und das, ohne sich die Zeit genommen zu haben, den von ihm angegriffenen Text sorgfältig, ja – leider – selbst ohne ihn ganz zu Ende zu lesen, oder sogar ohne den Text überhaupt in den Händen gehalten zu haben. Das ist ihm zweimal geschehen und er hat darüber Reue empfunden.

So zog sich eine ungute Atmosphäre der Polemik über Augustins Leben zusammen. Kontroversen, Angriffe, Antworten, Widerlegungen und Klarstellungen beherrschen sein Schrifttum und verbittern seine Seele. Sein Schüler, Possidius, wußte nichts Besseres zu tun, als eine Übersicht der Werke seines Meisters, die er der von ihm verfaßten «Vita Sancti Augustini» beifügen wollte, nach den Gegnern zu ordnen, die Augustinus der Reihe nach bekämpfte. Er kam auf neun Rubriken. Augustinus selbst war darin viel nuancierter und stellte am Ende seines Lebens einen Katalog zusammen, worin er achtundachtzig Irrlehren aufzuzählen wußte.

Aber auch in seiner mehr *positiven Arbeit* ignorierte er ziemlich alles, was schon vor ihm gedacht wurde und versuchte, aus seinem eigenen Genie heraus, auf ureigenen Bahnen, gleichsam geschichtslos und den Verpflichtungen der Vergangenheit gegenüber unempfindlich, alles neu zu denken. Dabei war er ein Mensch, dessen ganze Sehnsucht auf die «fruitio Dei», auf das Verkosten Gottes hinzielte. Seine innere Haltung war ek-statisch: Aus sich selbst herausbrechend, auf Gott hin überschreitend.

Dabei ist aber bei ihm *der unvollkommene Charakter der Gotteserfahrung* zu beachten. Sie ist niemals mehr als eine momentane Beglückung, die wie ein Blitz vorübergeht. Nur auf einen Augenblick ist die Vision gegeben: «Und da ich dich erkannte, ließest du das Unvermögen meines Blickes abprallen, da du gewaltig in mir erstrahltest, und ich erzitterte in Liebe und Entsetzen» [Conf 7, 10; 16]. «So gelangte meine Kraft zu dem, was ‹ist›, in einem Augenblick zitternder Schau. Aber ich vermochte meines Blikkes Schärfe nicht darauf zu heften, es prallte meine Schwachheit ab und ich kehrte zurück zu dem Gewohnten. Nur ein Rückerinnern voll der Liebe führte ich mit mir» [Conf 7, 17; 23]. «Und da wir [Monika und Augustinus] sprachen und uns nach der Wahrheit sehnten, berührten wir sie mit dem ganzen Aufschwung unseres Herzens. Dann kehrten wir zu unseres Mundes Wortgeräusch zurück, dorthin, wo das Wort seinen Anfang und sein Ende hat» [Conf 9, 10; 24]. Mit dem Kompaß seines einsamen «Gott-und-die-Seele-allein» wanderte er von einer geistigen Weltanschauung zur andern und fand schließlich in der Kirche jenes Klima, in dem er seine angestammte Umwelt hatte, eine Möglichkeit, sich zu entfalten.

Es blieb aber in ihm immer – er hat sich ja lange genug in fragwürdigen und dämonischen Bezirken aufgehalten –, etwas Bedrohtes, das auch später rasch und erneut sein Chaosgesicht aufwies, sobald es nicht in der maßvollen Mitte des Kirchlichen verblieb. Van der Meer hat in seinem Buch «Augustinus als Seelsorger» aus hundert kleinen Steinchen, aus Briefen und Predigten, ein *Bild des christlichen Augustins* zusammengestellt, das wie ein Mosaik wirkt und beinahe einer Entdeckung gleichkommt. Augustinus stand in seinem Alter als ein Mensch da, der um das Leben Bescheid wußte, der selbst in viele Verstrickungen verwickelt war und sie überwunden hatte, der durch den Irrtum hindurchgegangen war und zuletzt zur Klarheit gekommen ist. Eine schwer errungene Ruhe gab dem zweiten Teil seines Lebens das Gepräge und verlieh ihm eine Überlegenheit, um nicht zu sagen Weihe,

welche der erste noch nicht hatte. Die Suche nach Gott war aber keineswegs einer Langweiligkeit gewichen. Sie wurde nur innerlicher, geduldiger und bescheidener. Augustinus äußerte sich darüber in seinen späteren Briefen: «Meine Ruhe birgt viel Unruhe in sich» [Epist 213]. Je mehr die Jahre verstrichen, je bedrohlicher das Alter herannahte, um so energischer sehen wir Augustinus sein Werk und die Muße, die die Gottesvereinigung verlangt, gegen das Überwuchern äußerlicher Tätigkeit verteidigen. 426 übertrug er den größten Teil seiner kirchlichen Funktionen auf seinen ernannten Nachfolger, den Priester Heraclius. Es wurde vereinbart, daß während fünf Tagen in der Woche alle Störungen von Augustinus ferngehalten werden sollten. Er wußte wohl, daß sein geschriebenes Werk viele Unvollkommenheiten enthielt und daß er vieles gutzumachen hatte. Zugleich war er überzeugt, daß er sich durch sein Werk der ganzen Kirche nützlich machen konnte, sowohl der Kirche seiner Zeit als auch der Kirche der Zukunft. Ich sehe ihn am Ende seines Lebens damit beschäftigt, seine Bücher in Ordnung zu bringen, Fehlurteile auszumerzen, Stellungnahmen richtigzustellen, sich bei seinen Gegnern – wenn er zu hart zu ihnen war – zu entschuldigen, alles nochmals durchzusehen, einen Katalog aufzustellen und die Erhaltung seines Werkes in seiner bereinigten Form für die Nachwelt zu sichern. Das Buch der «Retractationes» ist ein Werk abgeklärter Demut und eines «Alles-Gott-Anheimstellens». Für dieses Buch allein hätte es Augustinus verdient, heiliggesprochen zu werden.
Ich fand immer, daß die bloße Lebensgeschichte Augustins – vor allem aber *die Umbrüche seines Lebens* – für einen wahrheitssuchenden Menschen exemplarische Bedeu-

tung hat. Es kann sehr ertragreich sein, sie gelegentlich zu bedenken, zum Gegenstand der Meditation zu machen. Die allgemeinen Daten sind bekannt, so daß es müßig ist, sie für mich hier aufzunotieren. Ich möchte lieber jene Stationen seines Lebensweges bedenken, die in der Gestaltung meines eigenen Denkens fruchtbar wurden oder noch werden können.

Erstens: Die Freundschaft. Das Seelenleben Augustins entfaltete sich in der Dialektik der freundschaftlichen Bindungen und Begegnungen. Die Gestalten eines Alypius, Victorinus, Simplicianus, Ponticianus oder im näheren Familienkreis der Mutter Monika, der ungenannten Lebensgefährtin und des Sohnes Adeodatus zeugen von einer wachsenden Innerlichkeit menschlicher Beziehung. Diese Personen waren alle Zeugen der seelischen Kämpfe Augustins und seiner Reifung. So wurden auch sie in das innere Drama zwischen der Seele und Gott hineingewoben.

Stellvertretend für viele Freundschaften nenne ich hier die innere *Verbundenheit mit einem Jugendfreund.* Über dieser Geschichte liegt eine schwermütige Schönheit. Seit ihrer Kindheit waren sich beide verbunden im gemeinsamen Streben nach geistiger Höhe. Es ist jene Art von Suchen, die mit der Liebe zu einem Menschen zusammenklingen kann, ja muß, weil sie ihre eigentliche Entfaltung erst in einer solchen Liebe erreicht.

Augustins erinnernde Worte lauten: « In jenen Jahren, da ich gerade angefangen hatte, in meiner Vaterstadt zu lehren, hatte ich einen Freund gewonnen, mir überaus lieb durch die Gemeinschaft geistiger Arbeit, gleichaltrig und wie ich erblühend in der Blüte der Jugend. Zusammen mit mir war er als Knabe aufgewachsen, und gemeinsam haben wir gespielt... Unsere Freundschaft war überaus innig, gereift in der Glut gemeinsamer geistiger Neigungen» [Conf 4, 4; 7]. Es war eine rein menschliche Freundschaft. Augustinus betont, daß es noch nicht Gott war, der ihr Band zusammenfügte. Augustinus war der Stärkere. Er hat den jungen Mann aus seinem noch ungesicherten Christenglauben in den Manichäismus gezogen: «Vom wahren Glauben, den der Jüngling noch nicht treu und innerlich festgehalten, hatte ich ihn zu abergläubischen Fabelwesen weggeführt... Mit mir irrte er im Geiste dahin, und meine Seele konnte ohne ihn nicht sein... Du aber nahmst ihn aus diesem Leben, da er kaum ein Jahr vollendet in meiner Freundschaft, die mir süß war über alle Süßigkeiten meines damaligen Lebens» [a.a.O.]. Der mit dem Tode kämpfende Freund wurde getauft. Augustinus spottete. Der Freund aber, innerlich verwandelt, erklärte «in wunderbarer und plötzlich erwachter Freiheit des Geistes, wenn ich sein Freund sein wolle, müsse ich aufhören, zu ihm derartiges zu sagen» [Conf 4, 4; 8]. Die Wirklichkeit heiligen Seins traf Augustinus.

Diese Freundschaft ist wohl die große Herzenserfahrung seines jungen Lebens gewesen. Fünf Kapitel, vom vierten bis zum achten, erzählen von seinem Schmerz: «Vor Schmerz wurde es dunkel in meinem Herzen, und was ich ansah, wurde zum Bild des Todes. Selbst die Heimat wurde mir zur Qual, das Elternhaus zur grenzenlosen Pein. Überall suchten ihn meine Augen, und sie fanden ihn nicht mehr. Ich selber wurde mir zum großen Rätsel... Du aber, Herr, du ruhest unbeweglich in dir, während der Mensch herumgetrieben wird in bitterer Erfahrung. Und doch, wenn wir nicht weinten zu dir, daß du hörst, nichts bliebe uns von unserer Hoffnung» [Conf 4, 4; 9 – 5; 10]. Verschiedene Erfahrungsschichten liegen hier untereinander. In seinem Innern, das vorher nur Leidenschaft und – neben ihr – geistige Gemeinschaft war, entriegelt sich für Augustinus eine innere Tiefe, die maßlose Erschütterung angesichts des endgültigen Verlustes. Darunter tut sich in der von Schmerz bedrängten Seele jene Wirklichkeit auf, worin sich Hoffnung ereignet. Der irdische Schmerz hört nicht auf, Schmerz zu sein. Aber in seiner höchsten Steigerung enthüllt er seine bis anhin nicht erkannte Tiefe, jene Herzenswirklichkeit, worin der «Gott der Hoffnung» bereits anwesend ist. Ähnlich werden alle Freundschaften Augustins zu Erfahrungsstellen des Ewigen, zum Aufstieg zu Gott. Dies ist ein wesentlicher Hinweis für meine philosophische Lebenseinstellung.

Zweitens: Die Mutter. Augustins Beziehung zu seiner Mutter, der heiligen Monika, war von vielschichtiger Beschaffenheit. Was im Leben Augustins eigentlich wirksam geworden ist, sind die mächtigen Bewegungen seines Innern. Nur eine einzige Gestalt ist aus seiner Entwicklung nicht wegzudenken, seine Mutter. Ihr wird in den «Bekenntnissen» ein breiter Raum gewidmet. Alle Berichte gipfeln im wundersamen Gespräch zu Ostia Tiberina [Conf 9, 10; 23–26], eingebettet in eine großangelegte Beschreibung von Monikas innerem Wesen [Conf 10, 8; 7 – 13; 37]. Dazu kommen viele kürzere Berichte und flüchtige Bemerkungen, die noch mehr aussagen über die Art, wie sie mit seinem Leben verflochten war.

Der erkrankte Knabe bat die Mutter um die Taufe. Sie aber enthielt ihm das Sakrament vor, weil sie fürchtete, wenn er gesund werde, möchte er nicht nach den christlichen Geboten leben [Conf 1, 11; 17]. Im Knabenalter, da Augustins Triebleben mächtig hervorbrach, stand die Mutter ihm mahnend bei [Conf 2, 3; 7]. Daraufhin – während seiner manichäischen Zeit – trat eine tiefe Entfremdung zwischen Sohn und Mutter ein. Monika konnte nur mehr weinen, wurde aber in einem visionären Traum getröstet [Conf 3, 11; 19]. Von einem Bischof, den sie um Rat bat, erhielt sie die Antwort: «So wahr du lebst, es kann nicht sein, daß der Sohn solcher Tränen verlorengehe» [Conf 3, 12; 21]. Augustinus entschloß sich, nach Rom zu fahren, und wollte nicht, daß die Mutter ihn begleite: «Ich belog meine Mutter – und diese Mutter! – und entfloh» [Conf 5, 8; 15]. Sie folgte ihm aber nach. Zuerst nach Rom, nachher nach Mailand, wo sie Ambrosius ihr ganzes Vertrauen schenkte. Augustinus wehrte sich, gab vor, Ambrosius nicht sprechen zu können. Monika brachte dann Augustinus dahin, daß er die geliebte Frau seines Lebens von sich fortschickte, mit welcher er während sechzehn Jahren gelebt hatte. Ich kann angesichts der Art, wie das geschah, einen gewissen Eindruck von Gewalttätigkeit nicht abweisen [Conf 6, 13; 23 und 15; 25]. Kaum war die Entscheidung Augustins für den Glauben im Garten von Cassiciacum gefallen, ist die Mutter die erste, welcher Augustinus sofort Mitteilung macht [Conf 8, 13; 30].

Daß Augustinus in der Ostia-Tiberina-Vision gerade die tiefsten Dinge der Gottbeziehung mit ihr bespricht, daß er zusammen mit ihr die religiöse Bewegung zu Gott, den Aufstieg der Seele in die ewige Heimat vollzieht, macht die ganze Kraft ihrer Persönlichkeit offenbar. Alles in Augustins Leben war irgendwie begleitet von der Mutter, die der Sohn, nach schmerzlichen Reibungen und Zerwürfnissen, immer rückhaltloser als die Christin, ja als eine Transparenz der ihn mütterlich bergenden und begleitenden Kirche zu verstehen und zu verehren weiß. Es ist von hoher Bedeutung, daß das Bild der leiblichen Mutter des öfteren in den «Konfessionen» mit dem Bild der Kirche verschmilzt [siehe: Conf 1, 11; 17 – 5, 8; 15]. Die Lebensaufgabe der Mutter ist nun vollendet, und sie kann ruhig hinübergehen in die Vollendung: «Eines nur war, um dessentwillen ich noch eine Weile in diesem Leben zu sein verlangte, daß ich dich als Christen sähe, bevor ich stürbe. In übergroßer Fülle hat Gott mir das gewährt. Ich durfte sehen, wie du das irdische Glück verachtetest und zum Diener des Herrn wurdest. Was tue ich noch hier?» [Conf 9, 10; 26]. Ich sehe, wie der Aufruhr Augustins immer mehr besänftigt und wie er in dieser Besänftigung immer mehr reif wird für Wort und Tat. Ohne das Mütterlich-Besänftigende Monikas wäre Augustin an seinem Leben zerbrochen. Vielleicht gilt das für jegliches Denken.

Drittens: Der Neoplatonismus. Noch mit einem kurzen Wort möchte ich hier festhalten, daß es gerade Plato und dahinter Sokrates [vermittelt durch Neoplatoniker] waren, die Augustinus zur Entdeckung der übersinnlichen Welt und ihrer eminenten Wirklichkeit gebracht hatten. Das Kapitel vom Nutzen und Nachteil des Platonismus in seiner klassischen Kürze zeigt eindeutig, daß Augustinus Plato als notwendige, ja gottgewollte Vorstufe zum Glauben betrachtet [siehe: Conf 7, 20; 26]. «Vom Lesen der platonischen Bücher wurde ich zur Suche nach immaterieller Wirklichkeit aufgefordert... Daß sie mir in die Hände fielen, das geschah, so glaube ich, nach der Führung deines Willens.» Zuzusehen wäre freilich, ob man diese personale Feststellung nicht auch zu einer universalen Beschaffenheit des göttlichen Heilswillens ausweiten könnte. Und wenn ja, in welchem Sinn? Festhalten möchte ich allerdings, daß der Platonismus in seiner von Plotin vermittelten Form zwar eine sublimere, aber eine ebenso große Versuchung für Augustinus war wie der Manichäismus. Zehn Jahre war der junge Berber im Bann des Babyloniers Mani gestanden, und er war ihm nur durch den Gegenbann des Ägypters Plotin entkommen. Vom materialistischen Dualismus schwenkte er zum spiritualistischen Monismus, von der Verfallenheit der Sinne zu etwas, was leicht genug in die Verfallenheit an die mystische Technik des Erzwingens von Gottes Gnade durch menschliche Bemühung hätte werden können, wenn ihn nicht die weise Menschlichkeit der Kirche hingeführt hätte zur demütigen Gottes- und Nächstenliebe im ehrfurchtsvoll bewohnten Raum christlicher Gemeinschaft.

Viertens: Die Bekehrung. Das achte Buch der Bekenntnisse berichtet vom endgültigen Durchbruch Augustins. Ein heiliges Geschehen ereignet sich da: Augustinus erfuhr von der Bekehrung des römischen Rhetors Victorinus, der die Plotin-Übersetzung besorgte und den Augustinus verehrte. Durch dieses Vorbild wurde er auch in den Raum der Entscheidung gestellt. Kurz darauf erhielten die in Cassiciacum versammelten Freunde Besuch von einem afrikanischen Landsmann, Ponticianus. Dieser berichtete über das Leben des Einsiedlers Antonius und seiner Nachfolger. Sein mutiges «Wegwerfen der Dinge» von einem Augenblick zum anderen stellte Augustinus vor das letzte Entweder-Oder. Während Ponticianus sprach, bekam Augustinus sich selbst klar in den Blick von Gott her: «Du stelltest mich wieder mir gegenüber.» Augustinus überblickte nun sein eigenes Leben. Nach einem kurzen Kampf hörten dann jedwelche Verstandesargumente auf. Das Herz verschloß sich aber immer noch. Das verklammerte Innere warf sich daraufhin nach außen in einer ohnmächtigen Gewaltsamkeit der Stimme und der Bewegung. Verstörten Angesichts rannte Augustinus weg und sammelte sein Dasein in eine einzige Bereitschaft: «Gleich soll es geschehen; gleich soll es geschehen!» Nun löste sich seine furchtbare Verkrampfung, und Augustinus fing an zu weinen. Bei diesem Tränenausbruch verließ ihn Alypius mit feinem Takt. Der ganz allein gebliebene Augustinus hörte nun eine lallend-singende Kinderstimme: «Nimm, lies; nimm, lies!» Schweigend nahm Augustinus die Heilige Schrift, las einen Satz. Weiter wollte er nicht mehr lesen. Es war nicht mehr nötig. Mit ruhigem Antlitz trat er vor Alypius und zeigte ihm die Stelle. Alypius las weiter und erhielt von Gott seine, ihm bestimmte Antwort. Beide gingen daraufhin zu Monika ins Zimmer und erzählten, was sich ereignet hatte. Sie jauchzte, triumphierte und sagte Gott Lob [Conf 8, 5; 10 – 12; 30]. Zu diesem Geschehen will und kann ich keinen Kommentar hinzufügen. Es ist das heiligste Geschehen und Geheimnis eines jeden christlichen Schicksals. Wohl wird der Tod einmal ähnlich gestaltet sein.

Hier wären noch verschiedene Umbrüche im Leben Augustins zu betrachten, etwa sein Entschluß zum Mönchtum, seine gewalttätig vom Volk verlangte Priesterweihe, die Art, wie er sich später der Tragik seiner unguten Polemik bewußt wurde und in jahrzehntelanger stiller Arbeit verstohlen sein apolemisches Werk vollendete, worin die Großartigkeit seiner Seele voll zum Ausdruck gelangte: Das Buch über die Dreifaltigkeit, über den Gottesstaat, über die Genesis, über die Psalmen, über den Römerbrief und über das Evangelium von Johannes. Dies und viel mehr noch wäre meditativ zu bedenken, wenn ich das Augustinische Leben und die Heiligkeit des großen Kirchenvaters ausschöpfend für mich fruchtbar machen wollte. Das bereits Niedergeschriebene soll aber vorläufig genügen, um daraus die wesentlichen Folgerungen – von der Vorbildlichkeit Augustins angeregt – für mein eigenes Schicksal zu ziehen. Dabei möchte ich die große Sehnsucht Augustins sprechen lassen, so wie sie in seinem Leben und auch in seinem tragischen Versagen lebendig war. Auch das Erahnte, aber nie vollends Verwirklichte kann für mich wegweisend sein.

Was ist für mich also *der Ertrag dieser Betrachtung?* Ich habe die «Bekenntnisse» – diese preisende Darbringung eines lebendigen, kämpfenden, blutvollen und stürmisch-suchenden Lebens an die Wahrheit Gottes – meditierend durchgeblättert. Ich habe mich dabei gefragt, welche Sehnsucht und welche Ahnung vom richtigen Leben darin zum Ausdruck gelangt und mir eine neue Zukunft eröffnet.

Zunächst: Die menschliche Existenz in ihrer Konkretheit ist ein Offenwerden Gottes für die Welt. Die erste, wesentliche Aufgabe geschöpflichen Daseins besteht demnach darin, den Sinn und die Weise der eigenen Gottdurchsichtigkeit aus der wechselvollen Geschichte des eigenen Lebens meditativ zu erfahren, so wie es in den «Bekenntnissen» Augustins geschieht. Darin ereignet sich ein Vorstoß zur Heiligkeit und Anbetungswürdigkeit des eigenen Schicksals und damit auch zum Individuell-Gnadenhaften, des durch keinen Begriff zu ersetzenden Einmaligen

der subjektiven Gottbeziehung. Gott finden im eigenen Leben. Das wäre die erste und grundlegendste geistige Übung eines in Wahrhaftigkeit gelebten menschlichen Seins: «*Liebevolle Erinnerung an Gott im eigenen Leben*» [Conf 7, 17; 23].
Von diesem Ansatz her sollte der Mensch eine grundlegend neue Einstellung gewinnen zu allem, was in diese heilige Sphäre des eigenen Lebens eintritt und damit seinerseits zur Kundwerdung des Absoluten wird. Zur Freundschaft und Begegnung, zu Leid und Freud, zum Glück und Schicksal. Damit ereignet sich im menschlichen Leben ein «Hergeben der Seele», eine Zuwendung der Frömmigkeit zum Sein in all seinen Erscheinungen. Dies aber nicht nur gelegentlich, hie und da, launenhaft, sondern als erste, instinktive Regung den Dingen, Ereignissen und Menschen gegenüber. Zuneigung zum Sein! Die Sehnsucht nach solcher Haltung durchströmt die Seiten der «Bekenntnisse» von Augustinus. Der Mensch soll sich dem Wagnis der liebenden Begegnung mit dem Sein aussetzen: «*Das Leben liebend suchte ich, was ich lieben könnte und haßte die vordergründige Sicherheit*» [Conf 3, 1; 1]. Diese zwei Haltungen – Frömmigkeit zum eigenen Leben und Frömmigkeit zum Sein – sollten von sich aus hinüberleiten zum zeugnishaften «Bekennen». Die Mitmenschen müßten durch uns die Möglichkeit erhalten, ihr eigenes Leben von Gott her besser zu verstehen, um in unser Gotteslob einstimmen zu können. Die sich in uns und um uns herum verdichtende Gegenwart Gottes soll in uns das Antlitz der Menschwerdung, das Angesicht der Güte und Menschenfreundlichkeit gewinnen. Diesem sollte durch uns in der Welt eine neue Einsichtigkeit und ein neues Leuchten verliehen werden, so daß die Men-

schen – von der Evidenz des auf Gott hin transparenten Zeugnisses überwältigt – ausrufen: «*Das ist es, was ich liebe, wenn ich liebe meinen Gott*» [Conf 10, 6; 8].

So entsteht ein – um einen Ausdruck von Pierre Teilhard de Chardin zu gebrauchen – «göttlicher Bereich» in der Welt, ein von Milde, Wohlwollen, Feinfühligkeit und Feindlosigkeit durchwalteter Raum der Befriedung. Die Gesinnung Gottes ergreift den lebendigen Daseinsvollzug des Erkennens, des Denkens und des Liebens. Eine neue Welt wird da aufgerichtet, die Augustinus bereits als Verheißung der Ewigkeit begreift, einer Ewigkeit, die er zärtlich benennt: «*Cara aeternitas – liebe Ewigkeit*» [Conf 7, 10; 16]

Am Ende möchte ich mir mit Augustinus die Frage stellen: «Glaubst du, daß du es aushalten kannst?» [Conf 8, 11; 26]. Die Antwort Augustins lautete bescheiden und mutig zugleich: «Ja, jetzt soll es geschehen» [Conf 8, 11; 15].

VERBUNDENHEIT

Pierre Teilhard de Chardin

Schon von jeher versuchte ich eine «Spiritualität» zu erarbeiten, die sowohl dem heutigen Menschen in seiner oft so auseinandergerissenen Existenz helfen, als auch mir selbst in meiner denkerischen Suche Rückhalt geben könnte. Eine Haltung, in der sowohl Gott als auch die Welt ernstgenommen werden kann. Sicherlich sind wir alle *Kinder Gottes,* und zwar ganz. Eben darin sind wir auch *Kinder der Erde,* ganz. Verbindet man diese zwei Einstellungen, so sollte daraus eine dauernde Bereitschaft erwachsen, den Ruf Gottes aus allen Situationen des Lebens «herauszuhören», eine Fähigkeit zum Dienst am Nächsten und eine Offenheit des Herzens allem gegenüber, was ist und lebt.

Aus diesem, auf den ersten Blick unscheinbaren Ansatz erwuchs in mir eine Spiritualität des «Da-seins» für Gott in der Welt, die sich in etwa folgendermaßen formulieren ließe:

Einerseits: Der Mensch muß *maßlos sein in allem, was die Größe anbelangt.* Gott bleibt immer der Größere. Nichts genügt uns, was nicht Gott ist. Jede Erfüllung ist deshalb – sowohl hier auf Erden wie auch drüben in der Ewigkeit – Beginn eines weiteren Suchens. Deshalb müßte der Christ immer bereitstehen für einen neuen Auftrag von Gott her. In seinem Innern sollte eine heilige Unzufriedenheit wohnen. Alles Erreichte ist schon dadurch, daß es erreicht ist,

eine erledigte Sache für ihn. Nur das Unerreichte ist des Angriffs würdig. So bleibt der Mensch für Gott und für seinen Ruf in der Welt offen, bindet sich an keine für immer gewählten Mittel. Das Größte, das Schönste, das Heiligste ist nicht groß, nicht schön und nicht heilig genug für ihn. Er läßt sich – um es einmal paradox auszudrücken – durch nichts Großes beengen. Seine Sehnsucht ist immer größer als die größte Verwirklichung. Der Mensch ist das Kind eines je größeren Gottes.
Anderseits: Dieses «Kindsein von Gott her», diese Aufgebrochenheit auf eine größere Erfüllung, erfährt der Mensch als «Kind der Erde». Deshalb muß er die Größe seiner ewigen Sehnsucht *in das Kleine der irdischen Verwirklichung hineinverbergen*. Er sollte seinen großen Gott überall, das heißt selbst in den kleinsten und unscheinbarsten Dingen, suchen. Still, ruhig und bescheiden sollte er jenen Auftrag erfüllen, den Gott ihm zugedacht hat, weil er gerade in dieser Kleinheit den je größeren Gott findet. Das volle Maß seines Wesens bleibt zwar die Grenzenlosigkeit. Doch muß er seine Sehnsucht einschließen im Kleinsein des irdisch Erreichbaren. Wer beides in seinem Leben verbinden kann – die Maßlosigkeit im Großen und die Bescheidung im Kleinen –, der lebt als Kind Gottes und Kind der Erde.
«Nicht beengt sein vom Größten und dennoch einbeschlossen bleiben im Kleinsten, das ist göttlich» – wie Hölderlin es in seinem Motto zu «Hyperion» sagt, übrigens bezugnehmend auf eine «Grabschrift» des Ignatius von Loyola. Ruhe in der Ruhelosigkeit, Friede in der Friedlosigkeit, Annahme der eigenen Begrenzung im unaufhörlichen Träumen vom Unbegrenzten, Sichzufriedengeben mit dem Unscheinbarsten und stets nach dem

Vollkommenen trachten: In einer solchen Haltung besteht der Kern jener Spiritualität, die ich für den heutigen Menschen zu entwerfen und auch in meinem eigenen Leben zu verwirklichen suchte. Die ganze Spannung zwischen Himmel und Erde ist in einem solchen Menschen zusammengefaßt: Der Himmel geht in ihm ins Irdische über, und das Irdische erlangt ewigen Bestand. Wie groß war dann meine Überraschung, als ich genau diese Haltung bei *Pierre Teilhard de Chardin* fand. Deshalb hat er mich von Anfang an derart fasziniert.

Auch die denkerische Situation unserer Zeit wird vom Versuch Pierre Teilhard de Chardins, eine universale christliche Weltdeutung auf evolutionistischer Grundlage zu entwerfen, entscheidend mitbestimmt. Seit gut einem Jahrzehnt ist aber im französischen, deutschen und auch englischen Sprachraum ein richtiger Streit um sein Weltbild entbrannt. Das Wort «Streit» bezeichnet die Auseinandersetzung genau: Die Diskussion reicht von begeisterter Zustimmung bis zu härtester Ablehnung. Ich möchte nun diesen ganzen Streit – der leider oft kleinliche Züge aufweist – für mich einfach auf sich beruhen lassen. Statt dessen möchte ich hier etwas unternehmen, das sich auf lange Sicht fruchtbarer erweisen könnte: Ich will versuchen, die tragende und deshalb auch verborgene Intention der denkerischen Bemühungen Teilhards freizulegen. Ich will zu jenem *zentralen Punkt der inneren Persönlichkeit Teilhards* vorstoßen, in dem sich seine Aussagen – wissenschaftliche und religiöse – verknoten. Eine solche Untersuchung könnte die Grundvoraussetzung für eine adäquate Teilhard-Deutung schaffen und den ganzen Streit um Teilhard weitgehend entleidenschaftlichen.

Die Suche nach der *verborgenen Absicht eines Denksystems* ist aber eine äußerst schwierige Aufgabe. Einem großen Denker gelingt es nie, jenes Grundsätzliche vollkommen auszudrücken, das er immer schon aussprechen wollte. Der ständige Rückstand des Ausdruckes hinter der ursprünglichen Intention ist eine der schmerzlichsten Erfahrungen der tiefen Denker. Mit Recht könnte man sogar behaupten – wie Martin Heidegger in seiner Schrift «Platons Lehre von der Wahrheit» –, daß die eigentliche Lehre eines Denkers das in seinem Sagen Ungesagte ist. Die integrale Deutung eines Denksystems entsteht erst, wenn hinter den Formulierungen der ursprüngliche, meist aber verborgene Richtungssinn der Reflexion sichtbar wird. Das «thematisch Wiederholte» kann mir also bei der Erarbeitung der tragenden Intention des Denkens von Teilhard recht wenig helfen. Ich muß statt dessen die innere Physiognomie seines Geistes erfassen, seinen seelischen Werdegang erschauen und seine denkerische Leistung von dort her zu verstehen suchen.

Meine erste Frage wäre: *Ist Teilhards Weltdeutung Doktrin oder Zeugnis?* Es lag Pierre Teilhard de Chardin viel daran, daß die Leser seiner Schriften die Aussagen seiner Weltdeutung richtig einschätzen. Seine Aufsätze und Bücher enthalten keine Doktrin im eigentlichen Sinne, sondern eher ein Zeugnis. Sie sind also zugleich weniger und mehr als reine Wissenschaft.

In «Le cœur du problème» schreibt er von seinem Werk: «Es ist ein Zeugnis meines Lebens. Ein Zeugnis, das ich um so weniger verschweigen kann, als ich einer der wenigen Menschen bin, die es ablegen können.» In den einleitenden Zeilen einer kleinen Schrift, die aber vielleicht zu den bedeutendsten gehört, die Teilhard je verfaßt hat [«Comment je crois» – bereits der Titel ist aufschlußreich], steht der folgende Satz: «Diese Zeilen werden keine Theorie darlegen, sondern einfach die Entwicklung einer persönlichen Erfahrung nachzeichnen.» Ähnliches fand ich auch in «L'Esprit de la terre»: «Diese Seiten möchten weder eine religiöse noch eine wissenschaftliche Orthodoxie verteidigen. Sie versuchen – schlicht und in aller Ehrlichkeit – meine besondere Weltschau auszudrücken.» Die einprägsamste Formulierung steht in den einleitenden Zeilen von «Mon univers»: «Diese Zeilen wollen keine endgültige Erklärung der Welt bringen. Sie beabsichtigen auch nicht, eine allgemeine Theorie aufzustellen... Ich nehme mir einfach vor, meine persönliche Art und Weise, die Welt zu verstehen, darzulegen.» Eine große intellektuelle Ehrlichkeit spricht aus diesen Aussagen. Sie scheinen mir die entscheidende Voraussetzung für das Verständnis der Schriften von Teilhard zu sein. Wer aber war dieses «Ich», das in diesen Schriften ein Zeugnis ablegen will? Ein Mensch, der zugleich *Priester und Wissenschaftler* war und der diese Spannung ein Leben lang aushielt. Teilhard de Chardin war sich dieser seiner einmaligen Stellung voll bewußt. In den mit paläontologischen Fachstudien erfüllten Jahrzehnten widmete er deshalb seine spärlichen Stunden zwischen zwei Expeditionen oder die nächtliche Ruhezeit bei den Ausgrabungen dem Entwurf von Schriften, in denen er eine Synthese zwischen Wissenschaft und Glaube schaffen wollte. Er war zutiefst davon überzeugt, daß die Wissenschaften nicht nur der Offenbarung nicht widersprechen, sondern direkt auf das Christentum hinführen. Aus dieser Überzeugung erwuchs die Verpflichtung für ihn, die durch seine Forschung bestätigte Evolutionslehre in eine theologische Betrachtung einzubauen.

Ein solcher Einbau der Naturwissenschaft in die Theologie war damals – und ist für manche heute noch – ein Vorhaben, dessen Kühnheit überrascht. Noch vor fünfzig Jahren wäre es recht schwierig gewesen, *Naturwissenschaft und Theologie* in einem sachlichen Zusammenhang zu nennen. Teilhard de Chardin erklärt in seinem «Comment je crois»: «Die Originalität meiner Überzeugung besteht darin, daß sie in zwei Gebieten des Lebens wurzelt, die gewöhnlich als gegensätzlich angesehen werden. Meiner geistigen Erziehung und Bildung nach gehöre ich zu den sogenannten ‹Kindern des Himmels›. Aber meinem Temperament nach und durch meine Fachstudien bin ich ein ‹Kind der Erde›. Da ich vom Leben so in die lebendige Mitte zweier Welten gestellt wurde, deren Theorie ich aus Erfahrung kenne, habe ich keinerlei Scheidewand in mir aufgerichtet. Ich habe vielmehr zwei anscheinend gegensätzliche Einflüsse in meinem Innern völlig frei aufeinander wirken lassen. Nun aber, nachdem ich dreißig Jahre dem Streben nach innerer Einheit gewidmet habe, bin ich irgendwie am Ziel dieses Unternehmens und habe den Eindruck, daß in mir eine Synthese zwischen den beiden Strömungen stattgefunden hat. Die eine hat die andere nicht zugrunde gerichtet. Heute glaube ich wahrscheinlich richtiger denn je an Gott und gewiß mehr denn je an die Welt.»

Wie sieht diese *schöpferische Synthese* aus? Zuerst wäre zu bemerken, daß *die Schöpfung und die Evolution* für Teilhard de Chardin keine gegensätzlichen Wirklichkeiten sind. Vielmehr ist die konkrete Struktur der Evolution die «uns zugewandte Seite» der göttlichen Schöpfertätigkeit. Diese ist kein «gewaltsames Hineinstoßen» der Dinge in eine fertige Welt, sondern ein aufsteigendes Entstehenlassen der Gestalten aus dem «Schoße der Welt» bis zum Menschen hin. Teilhard de Chardin erschien die Welt als ein riesiger Entwicklungsprozeß, der in Jahrmilliarden stufenweise und sich vorwärtstastend, durch fortschreitende Komplizierung und Verinnerlichung der Materie, seiner Erfüllung zureift. Ein Prozeß, in dem *der Mensch* in direkter Linie der Totalanstrengung des Lebens steht. Der Mensch ist zwar – sagt Teilhard de Chardin in «Le groupe zoologique humain» – «nicht mehr, wie man früher glauben konnte, der unveränderliche Mittelpunkt einer schon vollendeten Welt, dafür aber – soweit unsere Erfahrung reicht – die Spitze in der Entwicklung des Universums. Dieses befindet sich auf dem Weg zu einer immer rascheren Steigerung der Komplexität der Materie und zugleich zu einer stetig zunehmenden geistigen Verinnerlichung.» Der Mensch ist die «zu sich selbst gelangte Evolution» – sagte Teilhard de Chardin, hierbei J. Huxley beistimmend zitierend. Er trägt das Schicksal der Welt in sich. Der Lebenswille des Universums durchströmt ihn. Der Mensch selber ist aber noch nicht vollendet. Er ist wesenhaft ein *werdendes Wesen*. Der Prozeß der Menschwerdung ist noch nicht abgeschlossen. Biologisch und geistig ist der Mensch erst am Anfang seiner Selbstentfaltung. Teilhard spricht – mit anderen Paläontologen – von fünfzig Jahrmillionen als der wahrscheinlichen Lebenszeit einer zoologischen Gattung mittlerer Größe. Selbst wenn man die gewaltige Entwicklungsbeschleunigung miteinberechnet, die sich überall in der Menschheit bemerkbar macht, haben wir noch einige Millionen Jahre möglicher Zukunft vor uns. Eine Zukunft, die respektiert und nicht verscherzt werden soll. Die Treue zum Menschsein besagt für Teilhard de Chardin – über die Treue zur

Gegenwart und zur Vergangenheit hinaus – eine Treue zur Zukunft. Dabei ist die vorhin schon erwähnte Steigerung des Evolutionsdruckes in der Menschheit besonders zu beachten. Welcher Zukunft wird die Menschheit «entgegengetrieben»? Teilhard de Chardin antwortet: In die Richtung der allgemeinen «Achse» der Entwicklung des Weltalls, das heißt in die Richtung des Zusammenschlusses der positiven Kräfte. Das Universum als Entwicklungseinheit strebt immer mehr zusammen, spitzt sich immer mehr zu. Im Menschen verengt sich der Evolutionsprozeß endgültig. Mit dem Durchstoß ins Geistige hat sich die Entwicklung ein für allemal im Menschen verdichtet.

Im Lichte dieser konsequent durchdachten Evolutionslehre erscheint unsere Gegenwart als ein «*absoluter Wendepunkt*» nicht nur der Menschheitsgeschichte, sondern auch der Geschichte des gesamten Kosmos. Die Individuen beginnen einander «zuzustreben». Ein immer dichteres Netz geistiger Bindungen spannt sich zwischen ihnen. Die Gruppen, Einheiten, Völker, Völkerfamilien und Rassen beginnen immer «heller» zu werden füreinander, immer aufgeschlossener, offener, zum Mitsein fähiger. Es handelt sich dabei für Teilhard de Chardin um eine «planetare Einrollung», um einen allumfassenden Zusammenschluß der Menschheit. Die Entwicklung des Lebens nimmt vor unseren Augen einen neuen Anlauf. Eine neue, höherrangige Synthese des Seins ist im Begriff zu entstehen. Die Evolution «verdichtet» sich zu einem einzigen Pfeil der allumfassenden menschlichen Gemeinschaft. Durch diese Konvergenz der Menschheit dürfen aber die unabdingbaren Werte der Person nicht in Frage gestellt werden. Sie darf nicht die höchste «Errungenschaft» der Evolution, die menschliche Person, unterdrücken und zu einem Totalitarismus führen. Anderseits würde eine bloß politisch-juridische Einung der Menschheit nicht genügen. Sie könnte das in der menschlichen Seele erwachte Verlangen nach organischer Einheit nie zufriedenstellen. Die letzte Konvergenz des Universums, die sich in der Menschheit vollzieht und weiter vollziehen soll, kann also in der Menschheit allein gar nicht geschehen.

Eine einzige Möglichkeit bleibt da für Teilhard de Chardin offen: Die Menschheit soll eins werden durch etwas, das die Menschheit ganz übersteigt, das zugleich ein personales Wesen ist und so einem jeden Menschen seine personale Einheit, Einmaligkeit und Freiheit sichern kann, das aber zugleich alle Menschen in sich zu vereinigen vermag, also – mit einem Wort, mit seinem konkreten und einzig wahren Namen benannt – *durch Gott*. Teilhard de Chardin sagt: «An diesem Punkt taucht, wie mir scheint, für die Wissenschaft von der Evolution das Problem Gott auf, denn nur so vermag diese Evolution... ihren Fortgang zu nehmen: Gott als Sammelpunkt, Haupt der Evolution.»

Doch habe ich damit das Letzte und Eigentlichste der teilhardschen Weltdeutung noch nicht ausgesprochen. Die Evolution des Weltalls konvergiert nicht einfach auf Gott, sondern auf den *Gottmenschen*. Soll die Menschheit den letzten «Sprung» der Evolution, den Sprung der Einswerdung mit Gott und in Gott, vollziehen, dann muß die Kluft der Transzendenz zwischen Gott und dem Menschen überwunden werden. Dann muß jemand da sein, der zugleich Mensch und Gott ist, der zudem solche Seinsmaße besitzt, daß er die ganze Menschheit in sich hineinintegrieren kann. Ein Gottmensch ist demnach der Sammelpunkt, der «Punkt Omega» der Evolution, der im Zustand der Auferstehung, der alldurchdringenden pneumatischen Mächtigkeit lebt: Ein auferstandener Gottmensch also, der die Fülle seiner Wirklichkeit aus der eins gewordenen Menschheit aufbaut, ja diese Einswerdung überhaupt ermöglicht. Hier spricht Teilhard de Chardin von jener Wirklichkeit, die Paulus das «Pleroma», die endzeitliche Fülle Christi, nennt. Die Evolution ist in dieser Weltdeutung ein Prozeß, in dem die *Menschwerdung und die Auferstehung Christi* die innere Sinngebung des gesamten Weltgeschehens sind. In dieser Sicht erweist sich die Natur nicht einfach als der unberührte und fixe Rahmen, worin sich Heilsgeschichte abspielt, sondern als geheimnishaft immer schon einbezogen in die Heilsgeschichte, als ein Werdegang, der dem Punkt Omega, dem «kosmischen Christus», entgegenreift, das heißt einem Zustand zustrebt, da Gott in Christus alles in allem ist.

Will man nun diese Weltschau in wenigen prägnanten Sätzen zusammenfassen, kann man nichts Besseres tun, als die einleitenden Zeilen des «Comment je crois» zu zitieren: «Ich glaube, daß das Weltall eine Evolution ist. Ich glaube, dass die Evolution in die Richtung des Geistes strebt. Ich glaube, daß der Geist sich im Personalen vollendet. Ich glaube, daß die Vollendung des Personalen der universale Christus ist.»

Was ist nun das geradezu Bestrickende an dieser Weltschau, jenes, was einen, selbst wenn man den ganzen Entwurf mit Vorbehalt betrachtet, nicht mehr losläßt? Adolf Portmann spricht in seinem Büchlein über Teilhard [«Der Pfeil des Humanen»] über die eigenartige Wirkung eindeutig: «Was uns an diesem Werk fasziniert, ist das klare Überschreiten der engen Grenzen der Forschung. Es ist der Versuch, Getrenntes zu vereinen... Daß Teilhard die Bindung der fernsten Bereiche in einem äußersten geistigen Aufschwung erstrebt hat, bringt ihn uns ganz besonders nahe.» Und dies abgesehen davon, wie die Einzelelemente der Synthese zu beurteilen und die verschiedenen Formulierungen zu deuten sind. Daß das Werk Teilhard de Chardins wissenschaftlich, philosophisch und theologisch «schwache Stellen» aufweist, wissen wir seit langem. Selbst die entschlossensten Anhänger Teilhards werden nicht behaupten [oder vertreten] können, sein Entwurf der Weltentwicklung sei die «ein-für-allemal-fertige» Lösung. Alle Erfahrungen der Geistesgeschichte sprechen dagegen. Alle großen Ideen trugen beim ersten Auftreten *eine Reihe «peripherer Irrtümer»* in sich. Die Größe des Versuchs bringt es fast zwangsläufig mit sich, daß das neue Gewebe da und dort Mängel aufweist. Entscheidend und einzig bedeutend war immer das zentrale Ferment, das die Gärung und – nach und nach – die Klärung bewirkte. Teilhard de Chardin hat einen Denkprozeß ausgelöst, der jetzt auch unabhängig von ihm in den Kreisen christlicher Denker weiterwirkt. Andere werden den zentralen Denkansatz Teilhards zu seiner Vollendung bringen.

Die denkerische Grundtendenz Teilhard de Chardins, das evolutive Weltgesamt religiös und christlich zu erfassen, das heißt als eine Einheit der Bewegung und des Werdens auf Christus hin, liegt tief in seiner denkerischen Individualität verankert. Seine wissenschaftliche Bemühung ist nur ein Ausdruck der eigentlichen *Grundströmung seines Lebens*. Den schönsten – und vielleicht auch am wenigsten beachteten – Ausdruck dieser Grundströmung finde ich in seinen Gebetserfahrungen. Will ich zu den tiefsten Quellen seines Denkens gelangen, so muß ich die Geschichte dieser Gebetserfahrungen nachzuzeichnen versuchen. Aus ihnen spricht eine echte Ergriffenheit vor der Wirklichkeit.

Die ersten Spuren dieses *religiösen Durchscheinendwerdens der Welt* finde ich bei Teilhard ziemlich früh. Besonders aufschlußreich ist die Stelle seines autobiographischen Versuchs [«Le cœur de la matière»], welche die charakteristische «religiöse Weltzugewandtheit» des siebenjährigen Kindes Pierre schildert:

«Ich war sicher nicht mehr als sechs oder sieben Jahre alt, als ich mich bereits von irgend etwas angezogen fühlte, das im Herzen des Stoffes strahlt. Im Besitze meines ‹Eisen-Gottes› zog ich mich öfters zurück. Eisen, sage ich. Mit erstaunlicher Genauigkeit sehe ich heute noch die Reihe meiner Götzen. Da war ein Stück Pflugeisen, das ich sorgfältig in einer Ecke des Hofes versteckte. Später waren es Granatsplitter, die ich auf dem benachbarten Schießgelände sammelte. Heute muß ich darüber schmunzeln. Gleichzeitig muß ich aber auch anmerken, daß diese instinktive Gebärde, mit der ich als Kind ein Stück Metall «angebetet» habe, doch eine intensive Gabe und eine große Forderung in sich enthielt. Meine spätere Spiritualität ist als Entfaltung dieser Gebärde zu deuten. Wie groß war aber dann meine Verzweiflung, als ich eines Tages entdeckte, daß mein Eisen Rost aufwies. Dann suchte ich, um mich zu trösten, anderswo Ersatz. Manchmal in einer blauen Flamme, so stofflich und zugleich so unfaßbar rein, die über den Scheiten im Kamin spielte. Öfters in einem besonders klaren und bunten Stein, in

Quarz- und Amethystkristallen oder in leuchtenden Chalzedonfragmenten, wie ich sie in meiner Heimat finden konnte.»

Die stoffliche Welt schloß für dieses Kind unermeßliche Geheimnisse in sich. Und das Kind besaß eine große Konzentrationsfähigkeit, sich diesem Geheimnis hinzugeben. Bemerkenswert erscheint mir der Hinweis von Henri Bremond in seinem Buch «Le charme d'Athènes». Bremond – Auvergnate wie Teilhard selbst – war jahrelang Lehrer Teilhards im berühmten Jesuitenkolleg von Mongré. Er schildert Teilhard als ein außerordentlich stilles und zurückgezogenes Kind: «Pierre hatte eine stille Leidenschaft, eine eifersüchtig versteckte Passion, in der er völlig aufging und die ihn fern von uns leben ließ, die Steine.» Was im Grunde dieses jungen Menschen sich vollzog, kann ich nur erahnen, wenn ich einen anderen Bericht betrachte. Es handelt sich um eine nicht genau datierte Gebetserfahrung. Sie ereignete sich noch vor dem Eintritt Teilhards in die Gesellschaft Jesu, vor seinem achtzehnten Lebensjahr also. Teilhard berichtet darüber in «Christ dans la matière».

«Mein Blick blieb unwillkürlich an einem Bild haften, das Christus mit seinem der Menschheit dargebotenen Herzen darstellte. Es hing an der Wand einer Kirche, in die ich mich zum Gebet zurückzog. Während ich meinen Blick über das Bild wandern ließ, schien es mir plötzlich, als ob sich die Umrisse des Bildes auflösen würden. Als ich versuchte, den Umriß Christi zu schauen, die Falten seines Gewandes, die Strahlen seiner Haare, da geschah auf einmal die Umwandlung. All das fing an, sich aufzulösen, ineinanderzugehen. Die Grenzen, die Christus von der Umwelt trennten, verwandelten sich in eine vibrierende

Atmosphäre, in der sich alle Unterschiede vereinigten. Von diesem Augenblick an entwickelte sich die Metamorphose mit großer Geschwindigkeit und betraf alle Dinge der Welt. Ich bemerkte, daß die vibrierende Atmosphäre, die Aureole um Christus herum, nicht mehr begrenzt war, sondern ins Grenzenlose ausstrahlte, bis zu den äußersten Sphären der Materie. Die ganze Bewegung schien aus Christus hervorzugehen... Als ich dann versuchte, den Strom bis zur Quelle zurückzuverfolgen und mich darum wieder dem Bild zuwandte, erreichte die Vision ihren Höhepunkt. In einem unsagbaren Schillern strahlten auf dem Antlitz Christi alle Farben und Lichter der Schönheit. Hinter dieser sich wandelnden Oberfläche strömte die Schönheit Christi.»

Ich betrachte diesen Bericht als einen Schlüsseltext zum Denken von Teilhard de Chardin. Er zeigt eindeutig die Frühspuren dessen, was später von Teilhard mit großer Eindringlichkeit aufgezeigt wurde: Das ganze kosmische Geschehen ist eingesenkt in die Wirklichkeit Christi. Christus strahlt aus bis zu der äußersten Sphäre dieser Welt. Der ganze evolutive Kosmos ist eine Transparenz, ein Durchscheinen und Durchschillern, eine *Diaphanie Christi*. Das Heilige ist ein Zustand unserer materiellen Welt. Diese Einsichten werden in der Gedankenwelt Teilhards auch später einen zentralen Punkt einnehmen. Teilhard besang sie dichterisch und zugleich in höchster religiöser Ergriffenheit in seiner «Hymne an die Materie»:

«Gesegnet seist du, fährdevolle Materie, unbändiges Meer, unbezähmbare Leidenschaft. Gesegnet seist du, mächtige Materie, unaufhaltsame Entwicklung, immerdar werdende Wirklichkeit. Gesegnet seist du, allumfassende Materie, Dauer ohne Schranken, Äther ohne Küsten, die du unsere engen Maße überbordest und uns offenbarst die Ausmaße Gottes. Ich grüße dich, göttliche Wohnstatt [milieu divin], geladen mit schöpferischer Kraft, vom Geist bewegtes Meer, gekneteter Ton, dem das fleischgewordene Wort Leben einhaucht. Ich grüße dich, unerschöpfliche Fassungskraft an Sein und Umwandlung, darin die erkorene Substanz keimt und heranwächst. Ich grüße dich, harmonische Stadt der Seelen, durchsichtiger Kristall, von dem uns das neue Jerusalem kommt. Ich segne dich, Materie, nicht in der Gestalt, wie dich – geschmälert und entstellt – die Hohenpriester der Wissenschaft beschreiben und die Tugendprediger. Ein Gemenge, sagen sie, aus brutalen Kräften und niederen Begierden. Ich segne dich in jener Gestalt, in der du mir heute erscheinst, in deiner Ganzheit und Wahrheit. Nimm mich fort, Materie, in jene Höhe, wo mir vergönnt wird, das All zu umarmen.»

In dieser Sicht kann Teilhard von einer «kosmischen Messe» reden. Das eucharistische Mysterium ist für ihn gleichzeitig und abbildhaft ein Ereignis des Weltalls. Was sich in der Messe täglich vollzieht, ereignet sich geheimnishaft durch die Jahrmilliarden kosmischer Entwicklung. In der Zeit einer seiner wissenschaftlichen Forschungsreisen in China, am Festtage der Verklärung Christi 1923, weilte er in der Wüste von Ordos, ohne Brot, ohne Wein und ohne Altar. Da «zelebrierte» er, mitten in der asiatischen Wüste, die «Messe über die Welt»:

«Da ich wieder einmal, mein Herr, in den Steppen Asiens kein Brot, keinen Wein und keinen Altar bei mir habe, werde ich mich jetzt über diese Symbole erheben bis zur reinen Majestät des Wirklichen. Ich, der Priester, bringe so auf dem Altar der ganzen Erde die Arbeit und das Leiden der ganzen Welt dar. Nimm, Herr, die totale Hostie der Schöpfung an, die durch dich angezogen in Bewegung geriet. Nimm sie in deine Hände, in deine überall gegenwärtigen Hände, die alles Vergangene und Zukünftige halten und das berühren, was in uns das Innerste und Unermeßlichste ist. Sprich über sie dein zweifach wirksames Wort aus. Über alles Leben, das keimt, wächst, blüht und reift, sprich: Das ist mein Leib. Und über alles Tote, das sich aufzehrt, das verwelkt und vergeht, befiehl: Das ist mein Blut. Und jetzt Jesus, verschleiert unter den Kräften der Welt, bist du wirklich alles für mich geworden, alles um mich herum und alles in mir selbst. Verklärter Christus, geheimnisvoll verborgener Einfluß in der Materie, blendendes Zentrum, in dem sich die unzähligen Fasern des Vielfältigen verknoten. Unerbittliche Macht wie die Welt und warm wie das Leben. Dein Leib in seiner ganzen ‹Ausdehnung›, das Weltall, ist durch deine Macht und durch meinen Glauben der kosmische Schmelztiegel geworden, in dem alles in eins geht, um neugeboren zu werden. Diesem Leib weihe ich mich heute, durch all meine Fähigkeiten, die deine schöpferische Wirksamkeit aus mir hervorsprießen ließ, durch meine kleine Wissenschaft, durch meine religiösen Bindungen und durch die Ganzheit meiner menschlichen Überzeugung, um in ihm zu leben und zu sterben.»

Kann man die Materie glühender preisen? Kann man von unserer Welt Größeres und Endgültigeres aussagen? Kann man die Wirklichkeit mit größerer Ehrfurcht auf sich wirken lassen? In seinen Reisebriefen steht zum Beispiel der folgende Text, der eine ganze Kontemplation in sich schließt: «Heute ist das Meer grau. Die Luft und das

Meer. Eine dichte, lebendige Wasserfläche, unter der das Leben pulsiert und gleitet, fließend und dicht wie das Element, das es trägt. Ich staune vor der Gestalt und dem wunderbaren Flug der Möwe. Wie ist dieser Vogel entstanden? Die schlimmste Schwäche unseres Geistes ist, die größten Probleme nicht zu spüren, weil sie uns unter den vertrautesten Gestalten entgegentreten. Wie viele Möwen habe ich gesehen, wie viele Menschen haben Möwen gesehen, ohne das Geheimnis wahrzunehmen, das mit ihnen schwebt? Gott möge mir die Gabe verleihen, stets wie berauscht die unermeßliche Musik der Dinge zu hören und sie den anderen hörbar zu machen.»

Meine Betrachtung über die geistige Physiognomie Teilhard de Chardins wäre unvollständig, wenn ich seine Freunde nicht zu Wort kommen ließe. Stellvertretend für viele wähle ich ein einziges Zeugnis, das Buch von *Helmut de Terra* «Mein Weg mit Teilhard de Chardin». In gefälligem Erzählerton berichtet de Terra über seine Forschungsreisen mit Teilhard de Chardin in Nord- und Mittelindien, in Burma und auf Java:

«Ich sehe Teilhard noch deutlich vor mir: Das feingeschnittene Gesicht hatte einen transparenten Ausdruck, die ganze Gestalt schien von konzentrierter Geistigkeit... In seiner Begleitung konnte man ständig einen geistigen Reflex erwarten, der eine Beziehung herstellte zu großen Zusammenhängen. Auch bei der kritischen Betrachtung von Artefakten und Fossilien machte er den Eindruck, als ob er selbst bei ihrer Bildung irgendwie beteiligt gewesen wäre, als ob er den hinter solchen Dingen liegenden Sinn mit einer Art innerer Schau begreifen könnte... Man sollte aber im Fall Teilhards keine falschen Vorstellungen über die Gründlichkeit seiner fachwissenschaftlichen For-

schung machen... In dieser Hinsicht zeigte er eine Sorgfalt, die nicht kritischer gedacht werden kann... Daß diese kritische und analytische Begabung in Teilhard mit einer philosophischen und tief religiösen, ja man kann sagen mystischen Veranlagung gepaart war, wird für mich immer einer der merkwürdigsten und bedeutsamsten Eindrücke bleiben... Inmitten der Wildnis konnte ich in Teilhards Gesellschaft immer etwas von seinem mystischen Naturerleben spüren, ein Lauschen und Warten auf Tierstimmen, das ihn zuweilen sehr heiter stimmte... Wir gingen einmal durch dichtes Unterholz im Schatten riesiger Bäume, wobei mir plötzlich einfiel, daß dies ein bekanntes Jagdgebiet war, wo wir jeden Augenblick einem Panther begegnen konnten. Der Gedanke, einem solchen Raubtier waffenlos ausgeliefert zu sein, überfiel mich mit bedrückender Verantwortung für meinen Freund. Mit solch beklemmenden Gefühlen vor ihm herschreitend, glaubte ich bei jedem Rascheln im Unterholz des dunklen Waldes ein Raubtier zu vernehmen, so daß ich drauf und dran war, die Umkehr anzuraten. Als ich mich nach meinem Begleiter umdrehte, um ihm meine Befürchtungen mitzuteilen, sah ich ihn still stehen, die Augen auf ein Gebüsch geheftet, aus dem ein heftiges Krachen von Zweigen zu hören war. Unwillkürlich packte ich ihn am Arm. ‹Dieser Wald ist wie das Meer voll von verborgenem Leben› – sagte er und sah mich mit verschleierten Augen an. Wie hätte ich ahnen können, daß in Augenblicken meiner Angst sich dieser Mensch nicht anders fühlte denn als Kreatur unter Kreaturen.»
Schließlich der schlichte Bericht, eine einfache Begebenheit, die von der Innerlichkeit eines Menschen mehr erahnen läßt als feinste Seelenanalysen: «Es fiel mir auf, daß

seine Füße nur mit leichten Tennisschuhen bekleidet waren. Ich warnte ihn vor Giftschlangen, die in jener Gegend besonders zahlreich sind. Worauf er mich erstaunt ansah und sagte, er könne in leichten Schuhen die Erde viel besser fühlen.» Das war, in einem einzigen Bild ausgedrückt, das Geheimnis Teilhard de Chardins.

In seinem Aufsatz «La planétisation humaine» sagte einmal Teilhard de Chardin über die *Zukunft:* «In der Gemeinschaft der Menschen tauchte ein neues, außerordentliches Element auf. Man könnte es als ‹homo progressivus› benennen, das heißt, den Menschen, dem die Zukunft mehr am Herzen liegt als die Gegenwart. Die ersten Vertreter dieses Menschentyps leben bereits unter uns. Eine klar bemerkbare Anziehungskraft spannt sich zwischen diesen, heute noch zerstreuten Elementen und bringt sie einander ständig näher. Es gibt für diese Anziehungskraft keine Schranken, keine undurchdringlichen sozialen, rassischen oder religiösen Barrieren. Ich habe hundertfach die Erfahrung gemacht und jeder kann sie wiederholen: Was immer auch seine Heimat, sein Glaubensbekenntnis und sein soziales Niveau sei, wenn ich einem Menschen begegne, in dem der gleiche Brand der Erwartung lodert, kommt unmittelbar ein tiefer, ganzheitlicher Kontakt zustande. Ganz unwesentlich ist dabei, wie wir unsere Hoffnungen formulieren, je nach der Verschiedenheit der Erziehung und Bildung. Wir fühlen uns einfach verwandt. Wir sind vom gleichen Menschenschlag. Ja wir erfahren sogar, daß selbst unsere Gegensätze uns zusammenjochen. Als ob es zwischen uns eine neue Lebensdimension gäbe, von Herz zu Herz. Für dieses Phänomen sehe ich keine andere Erklärung, als daß – durch die geistigen und sozialen Erschütterungen, die seit anderthalb Jahrhunderten die Welt erbeben lassen – eine radikale Wendung im Schoße der menschlichen Substanz zustande kam. Es geschieht eine Bewußtwerdung von allem, was sich vorwärtsbewegt, eine unwiderstehliche Vermehrung und Vereinigung jener Kräfte, in denen der Geist der Zukunft wach geworden ist. Das sind die echten Wirkkräfte der Vereinigung der Welt. Sie werden morgen das Menschengeschlecht bilden.»

Es besteht für Teilhard de Chardin ein innerer Zusammenhang zwischen dem Sieg Christi und dem Erfolg unseres Menschenwerkes. Je größer der Mensch ist, je mehr die Menschheit einig, ihrer Kraft bewußt und ihrer Herr, um so schöner ist auch die Schöpfung, um so vollkommener unsere Anbetung, und um so mehr wird Christus, um sich «mystisch auszudehnen», einen der Auferstehung würdigen Leib vorfinden.

Das wäre die Vision Teilhard de Chardins von einer nicht abgeschlossenen, sondern offenen, auf ewige und göttliche Vollendung hin aufgebrochenen Welt, die durch uns sich umwandelt in ein leuchtendes, gottdurchsichtiges Universum, in einen «göttlichen Bereich» [milieu divin]. Die Erwartung in der Hoffnung, die bange, gemeinsame und tätige Erwartung eines Weltenendes [eigentlich müßte ich im Sinne Teilhards sagen: eines Weltanfangs] ist eine christliche Aufgabe und vielleicht jener Zug am Christentum, der es am deutlichsten von allen anderen Religionen unterscheidet. Es zeichnet sich hier, im Werk von Teilhard de Chardin, eine Wandlung des abendländischen Menschen zur Weltwirklichkeit ab. Teilhard hat – meines Erachtens – die Grundhaltung der Zukunft entworfen, einer Zukunft, die – so hoffe ich – Gott nicht dadurch groß machen will, daß sie die Größe der Welt und des Menschen abstreitet. Man kann sich nur wünschen, daß diese Hoffnung – die vielleicht die wirklichkeitsnächste und sicherlich die wirksamste ist – in uns nicht im Keime erstickt wird.

NACHWORT

Es wäre müßig und vielleicht gar nicht angebracht, noch einmal die hier geschilderten Haltungen zusammenzufassen. Dem Leser ist wohl klargeworden, daß es dabei nur um eine grundlegende Haltung geht, um die «Offenheit des Geistes». Ohne sie bleibt unser geistiges Leben verkümmert, oder kann nicht über sich selbst hinausgelangen. Mit ihr haben wir Horizonte vor uns, die noch nicht abgesteckt sind, aber zu denen hin uns die «Offenheit» gewiß hinführen will. Für meine Freunde, die dieses Buch – ich weiß, ein etwas reichlich subjektives, aber ehrliches – gelesen haben, möchte ich ein Wort noch hinzufügen über unsere Haltung im Umbruch der Kirche von heute. Und dieses Wort wäre: Es gibt keinen Grund zur Beunruhigung. Der Geist Gottes führt die Kirche. Etwas Kraftvolles ist aufgebrochen. Unsere christliche Existenz wird von Grundströmungen erfaßt, die eine innere Umwandlung bewirken. Gott hat etwas «gewagt» und uns damit etwas zugemutet. Eine Geisteshaltung wird von uns gefordert, die ich am einfachsten als «die Pflicht, intelligent zu sein» umschreiben könnte. Fragen zu stellen, ins Neuland vorzustoßen, die Begriffsapparatur unserer Verkündigung zu überprüfen, all das ist die Forderung Gottes heute an uns. Der Mut, dies zu tun, ist sicherlich nicht eine Sucht nach Neuheit, sondern eine Tugend christlicher Intelligenz. Sie besteht in der absoluten Ehrlichkeit, in der Aufgeschlossenheit jeglicher Wahrheit gegenüber und in einer entschlossenen Suche nach dem Richtigen. Nur diesen Geist wollte ich hier darlegen und – so hoffe ich – die Sehnsucht nach ihm erwecken. Möge dieses Buch wirklich dazu beigetragen haben.